GERT G. VON HARLING

Einfach zum Schießen II

Noch mehr Jägerwitze

Illustriert von Frank Duvivier

NEUMANN-NEUDAMM

Für meine Enkeltochter Josephine

Bildnachweis: Alle Abbildungen von Frank Duvivier

© 2009 Verlag J.Neumann-Neudamm AG, Melsungen
Schwalbenweg 1, 34212 Melsungen
Tel. 05661.9262-26; Fax 05661.9262-19
www.neumann-neudamm.de, info@neumann-neudamm.de

Printed in Germany
Satz & Layout: Verlag J.Neumann-Neudamm AG
Druck & Verarbeitung: Bercker-Druck, Kevelaer
Titelbildgestaltung unter Verwendung einer Vorlage von Frank Duvivier

ISBN 978-3-7888-1244-7

Inhalt

1. Ehefrauen – ist das ein Leben?

„Schatzi, leg' mal die Zeitung weg", säuselt die Ehefrau.
„Was ist denn schon wieder? Kaum kommt man von der anstrengenden Jagd nach Hause und will in Ruhe lesen, störst du schon wieder!"
„Aber ich will doch mit dir über die Jagd reden!"
„Seit wann interessierst du dich denn dafür?"
„Kannst du dich an den letzten Herbst erinnern, als du auf Schmaltiere Jagd gemacht hast?"
„Natürlich! Du weißt doch, ich hatte noch eine Nachsuche."
„Die hat vorhin angerufen und gesagt, dass du Vater geworden bist!"

„Also, ich verstehe dich nicht, Hubertus. Du hast ein gutes Einkommen und läufst mit diesem schäbigen Hut herum!", tadelt der Jagdfreund.
„Das hat seinen guten Grund", entgegnet Hubertus schelmisch, „es ist nämlich mein Glückshut. Immer wenn ich ihn aufsetze, weigert sich meine Frau, mich zu begleiten, und ich kann alleine zur Jagd gehen!"

Die Frau des Hegemeisters liest ihrem Mann am Frühstückstisch aus der Zeitung vor. „Dein Chef ist 95 Jahre alt geworden und man hat ihm zu Ehren einen riesigen Empfang gegeben."
„Wenn ich bedenke", sinniert der alte Hegemeister, „das hätte man für meinen Vater auch gemacht, der wäre schon 103, wenn er noch lebte."

Die Jägersfrau schmiegt sich zärtlich an ihren Mann: „Sag doch mal was Nettes zu mir!"
Nach kurzem Überlegen antwortet er: „Du hast Beine wie ein junges Reh."
„So schlank?"
„Nein, so haarig!"

Zwei Jäger gehen in den Wald, meint der eine zu seinem Freund:
„Ich sag's nicht gerne, Jürgen, aber ich habe ein Verhältnis mit deiner Frau!"
„So verlogen sind die Frauen! Mir hat sie erzählt, sie hätte einen blendend aussehenden und intelligenten Jäger als Liebhaber."

Ein Strauß wilder Wald- und Wiesenblumen reicht nicht als Aufmerksamkeit zum zehnjährigen Hochzeitstag, deshalb geht Hubertus in ein Blumengeschäft, um etwas ganz Besonderes für seine Liebste zu kaufen.
„Sind diese Blumen künstlich?", fragt er die Floristin und zeigt auf ein exotisch wirkendes Gebinde.
„Natürlich!"
„Natürlich?"
„Nein, künstlich!"
„Du liebe Zeit, sind sie nun künstlich oder natürlich?"
„Natürlich künstlich!"

Am ersten Tag der Bockjagd treffen sich zwei Jäger.
„Wie geht's denn so?", fragt der eine.
„Och, meine Frau nörgelt den ganzen Tag nur an mir herum."
„Was will sie denn?", fragt der andere weiter.
„Sie zetert in einem fort, ich soll endlich den Weihnachtsbaum wegräumen!"

„Ihr Mann ist Berufsjäger in Afrika. Dann ist er wohl selten zu Hause?"
„Höchstens sechs Wochen im Jahr, den Rest ist er auf Safari."
„Da tun Sie mir aber Leid."
„Das ist nicht so schlimm, die sechs Wochen gehen ja schließlich auch mal zu Ende."

„Stell dir vor, da hat ein Wilddieb auf den Förster geschossen, der hatte aber Glück, weil die Kugel einen Knopf seiner Uniformjacke traf und abprallte", liest Ute ihrem Jägersmann aus der Zeitung vor.
„Das Glück hätte der Förster nicht gehabt, wenn er mit dir verheiratet wäre."

Zwei Freunde treffen sich nach langer Zeit.

„Na, alter Junge, wie war das Jagdjahr?"

„Wie man's nimmt. Zehn Böcke geschossen – Moment mal, es waren nur neun – und einmal geheiratet."

Des Jägers Weib ist empört: „Ich bete und bete, damit du von deinem Rheuma befreit wirst und du gehst ohne lange Unterhose auf den Ansitz! Ich mache mich ja vor dem lieben Gott lächerlich!"

Man denkt manchmal, der eine oder andere Waidgeselle sei verstorben – dabei hat er nur geheiratet.

Der Graf kommt von der Jagd zurück und überrascht seine Frau mit einem fremden Mann im Bett.

„Johann", brüllt er, „hol' meine Flinte, ich werde die beiden auf der Stelle erschießen."

„Aber nicht doch, Herr Graf. Sie wissen doch, dass während der Paarung Schonzeit ist."

„Herr Oberförster, was haben Sie denn gemacht, bevor Sie geheiratet haben?"
„Na, was ich wollte!"

Der frisch verheiratete Förster wird von einem Jagdkumpan gehänselt:
„Man sagt, du hättest deine Frau nur geheiratet, weil sie so viel Geld hat."
„Das ist nicht ganz richtig. Sie hat ja auch noch ein schönes Haus in Tirol mit einer Rotwildjagd."

„Hat Ihr Mann neben der Jagd noch ein anderes Hobby?"
„Ja, er züchtet Kaninchen."
„Versteht er was davon?"
„Er nicht, aber die Kaninchen!"

Als er sich zur Jägerprüfung vorbereitet und seine Angetraute immer mehr in die Materie einsteigt, macht sie eines Tages den Vorschlag: „Rede nicht immer von der Brunft des Hirsches, der Rauschzeit des Keilers, dem Rammeln der Kaninchen, nimm dir ein Beispiel an ihnen."

Was ist ein Mann, der Tag und Nacht zur Jagd gehen darf?
Ledig!
Und was ist mit der Jagd, sobald er heiratet?
Erledigt!

Die Jagdgesellschaft sitzt beim Schüsseltreiben an einer langen Tafel. Der Jagdherr hält eine Rede, redet und redet, ohne wieder aufzuhören. Einer der gelangweilten Gäste flüstert seiner Nachbarin zu:
„Wie kann man den Quatschkopf nur zum Schweigen bringen?"
„Ich weiß es auch nicht", erwidert die Dame. „Ich versuche es seit 25 Jahren, so lange sind wir schon verheiratet."

„Hoffentlich bleiben die Gäste heute Abend nicht wieder eine Ewigkeit hocken", ermahnt die Gattin ihren Ehemann. „Am besten erzählst du so gegen zehn Uhr die Geschichte von deinem ersten Rehbock. Wenn dann jemand bleiben sollte, kannst du ja noch deine Ansichten über die gesetzlichen Regelungen der Wildfolge nachschieben, dann wird die Bude wohl leer sein!"

Hubertus wird mit ernsten Kratzwunden und Schürfverletzungen ins Krankenhaus gebracht.
„Sind Sie verheiratet?", fragt die Krankenschwester bei der Aufnahme.
„Nein, ich bin auf der Treibjagd in eine Dornenhecke gefallen."

Hubertus ist für ein paar Tage bei seinem Freund an der Ostsee zur Entenjagd eingeladen. Abends schreibt er an seine Frau: „Liebste Olga, wir sitzen hier und trinken Grog. Der Sturm heult ums Haus. Das Meer tobt, die Möwen kreischen, und ich muss immer an dich denken."

„Mein Mann hat immer ein unheimliches Glück", erzählt die Ehefrau ihrer Freundin, „gestern hat er eine Jagdunfall-Versicherung abgeschlossen, und heute früh auf der Treibjagd hat ihm sein Standnachbar eine ganze Ladung Schrot ins Bein geschossen."

„Du hast dich also wieder mit deiner Frau vertragen?", fragt der eine Jagdfreund den anderen.
„Wie kommst du denn darauf?"
„Ich habe euch gestern gemeinsam vor der Jagdhütte Holz hacken sehen!"
„Quatsch, wir haben die Möbel aufgeteilt."

„Hallo, wie geht es?", fragt sie ihre Freundin.

„Na ja, ich war mit meinem Mann auf der Jagd. Er ist sauer, dass ich wieder alles verkehrt gemacht habe. Ich war zu laut, habe mich zu hastig bewegt, die falschen Patronen gehabt und dann auch noch doppelt so viel erlegt wie er."

Hubert schleicht nach dem Schüsseltreiben auf Zehenspitzen ins Schlafzimmer.

Aus dem Dunkeln flüstert seine Frau: „Hubert, bist du das?"

„Das möchte ich dir geraten haben", knurrt er.

„An meinem Hemd fehlt ein Knopf", beschwert sich der Jäger bei seiner Frau.

„Ist nicht schlimm, du ziehst doch die Jacke darüber."

„Aber an der fehlen zwei Knöpfe."

„Willst du etwa ohne Mantel zum Ansitz gehen?"

Frau Förster fährt zur Kur. Auf dem Bahnhof sagt sie beim Abschied zu ihrem Mann: „Aber Karl, bloß um zu sehen, wie ich abfahre, brauchst du keine Bahnsteigkarte zu lösen!"

„Doch, meine Liebe, das ist mir die Sache wert."

Nach langem Drängen lässt sich ein Jäger von seiner Frau überreden, sie mit zur Jagd zu nehmen. Im Wald zeigt er ihr, wie man schießt und erklärt, dass es ratsam sei, nach dem Schuss sofort zum erlegten Tier zu gehen. Dann verstecken sich beide auf ihren Hochsitzen und warten.
Nach kurzer Zeit hört der Jäger einen Schuss. Er eilt hin und trifft seine Frau, die mit einem fremden Mann diskutiert. Als er näher kommt, hört er den Mann sagen: „Also gut, es ist Ihr Hirsch, aber darf ich wenigstens noch meinen Sattel abnehmen?"

Großwildjäger Meier ist nach vierwöchiger Safari am Wochenende wieder heimgekehrt. Die erste Nacht nach der langen Trennung verläuft besonders stürmisch. Da klopft jemand von der Nachbarwohnung gegen die Wand und ruft: „Hat man denn nicht mal am Sonnabend seine Ruhe?"

„Stell dir vor", berichtet Treiber Karl in der Stammkneipe, „meine Frau ist bei einem Jagdunfall ums Leben gekommen."
„Das ist ja schrecklich, wie ist das denn passiert?"
„Ein Jäger hat ihr in den Finger geschossen", rückt Karl mit der Sprache heraus, „und da hat sie so erbärmlich geschrien, dass man ihr den Fangschuss geben musste."

„Hat Ihre Frau, nachdem Sie kürzlich das neue Revier gepachtet haben, schon im Dorf Anschluss gefunden?"
„O ja! Sie ist schon mit vier Nachbarinnen verfeindet!"

Aufgeregt rüttelt Hubert seine Frau aus dem Schlaf: „Schnell, schnell, die Jagdhütte brennt! Beeil dich! Zieh' dir etwas über!"
„Das Jagdkostüm oder das Dirndlkleid?"

Der Jagdgast ruft beim Revierpächter an:
„Ich möchte mich für die schöne Hühnerjagd am letzten Sonntag bedanken!" „Ach", erwidert der Jagdherr, „das war doch selbstverständlich unter Jägern, kaum der Rede wert."
Meint der Gast: „Das sagt ja meine Frau auch, aber ich dachte, ich ruf' trotzdem mal durch."

Herr Schulz ist mit seiner Frau bei einem Jagdfreund eingeladen. Vor der Jagdhütte wird gegrillt. Das Essen ist mittelprächtig. Später, auf der Fahrt nach Hause meint er verärgert:
„Himmel, war das heute ein Saufraß bei Hubert, da hätten wir genauso gut zu Hause essen können!"

Hubert will einen neuen Jagdaufseher einstellen. Beim Vorstellungsgespräch fragt er ihn: „Sind Sie verheiratet, Herr Mohr?"
„Nein, aber ich mache trotzdem alles, was man mir sagt."

Hubert fragt seine Frau, bevor er zur Jagd geht: „Sag mal, möchtest du so ein richtiger gestandener Kerl, ein echter Jägersmann sein?"
Meint seine Frau: „Nein, und du?"

„Das Leben ist nicht immer leicht", jammert der Jäger an der Theke. „Ich hatte doch alles, was ein Mann sich wünschen kann! Viel Geld, einen schönen Bungalow, eine herrlich Hochwildjagd in den Bergen mit einem verträumten Jagdhaus und vor allem eine wunderbare Frau, die mich verstand – bis meine dahinterkam."

Hubert kommt ins Haus. Seine Frau eilt ihm freudig entgegen.
„Schatz, was hast du mitgebracht?", fragt sie erwartungsvoll.
„Gar nichts, du weißt doch, dass ich von der Jagd komme."

„Meine Schwiegermutter ist wie meine Jagdzeitschrift", seufzt der Förster, „sie erscheint alle vierzehn Tage."

2. Kinder – auch Jäger wachsen nach

Hubertus will von seinem Vater wissen, was eine Zeitungsente ist. Der Vater versucht, es zu erklären.

„Wenn man zum Beispiel liest, dass eine Fuchsfähe zehn Welpen gewölft habe, dann sind sechs davon sicherlich Enten."

Bei einem Regenschauer im Wald stellen sich der Sohn des Jagdpächters und sein Freund unter einen Baum und treten dabei einen Hasen aus der Sasse.

„Werden Hasen auch nass?", fragt der Freund.

„Ach wo, die stehen doch unter Naturschutz."

„Nun, Peter", fragt der Lehrer, „wann empfinden wir das Leben in der Natur am stärksten?"

„Wenn wir uns in einen Ameisenhaufen gesetzt haben!"

Lehrer: „Es gibt indirekte und direkte Steuern, wer kann mir ein Beispiel nennen?"

Der Sohn des Jagdpächters: „Die Hundesteuer ist eine indirekte Steuer."

„Und warum ist sie indirekt?"

„Weil sie nicht direkt vom Hund bezahlt wird."

Die Schulklasse wird durch das Lehrrevier geführt.

„Na, mein Freund", sagt der Förster zu einem Jungen, „willst du später auch Förster werden?"

„Nein", sagt dieser, „ich nicht, aber mein Bruder, der ist nämlich ein fauler Sack!"

„Wir haben gestern einen kleinen Vorstehhund bekommen", erzählt das Töchterchen des Jagdpächters in der Schule.

„Das ist ja schön", freut sich die Lehrerin, „den wollt ihr gewiss selbst großziehen!"

„Nee, groß ziehen wollen wir den nicht, wir lassen ihn von selber wachsen."

Lehrer: „Kaum war die Schlacht im Teutoburger Wald geschlagen, da zündete sich Hermann der Cherusker eine Zigarette an. Was meint ihr dazu?"

„Die Geschichte kann gar nicht stimmen, Herr Lehrer", meldet sich der Sohn des Försters.

„Sehr gut", lobt der Pädagoge, „und jetzt sage uns noch, warum die Geschichte nicht stimmen kann."

„Weil das Rauchen im Wald streng verboten ist."

Der alte Jäger wünscht sich sehnlichst Nachwuchs und fragt den Pfarrer um Rat. Der empfiehlt eine Pilgerfahrt nach Lourdes. Das Paar folgt dem Rat und stiftet in der Grotte eine Kerze.

Jahre vergehen. Eines Tages klopft der Pfarrer an die Tür des Jagdhauses, ein kleines Mädchen öffnet.

„Ist die Mama zu Hause?", fragt er.

„Nein, die liegt im Krankenhaus und bekommt ihr sechstes Kind."

„Ist dein Papa denn da?"

„Auch nicht, der ist in Frankreich, um dort irgendwelche Kerzen auszupusten."

Der Sohn des Jagdpächters schreibt das Wort „Tiger" im Diktat klein.

„Ich habe dir doch schon zigmal erklärt, dass alles, was man anfassen kann, großgeschrieben wird", seufzt die Lehrerin.

Wundert sich der Kleine: „Na, dann versuchen Sie mal einen Tiger anzufassen!"

Der alte Jäger geht mit seinem Enkel zum Ansitz. An einem Wildacker tritt ein kapitaler Hirsch aus, dessen mächtige Brunftrute sehr gut zu erkennen ist.

Der Enkel fragt: „Du, Opa, ist der Hirsch krank?"

„Ach Kind", seufzt der Großvater, „ich wollte, der Opa wäre genauso gesund."

Deutschlehrerin: „Ich gebe euch einen Satz: Der Wilderer wurde von einer Kugel getroffen. Wo ist der Satzgegenstand?"
Der Sohn des Jagdpächters: „Auf dem Friedhof."

„Wenn dein Vater aus einem Rudel von fünf Hirschen einen schießt, wie viele bleiben dann auf der Wiese zurück?", fragt der Lehrer.
„Einer", antwortet der Sohn des Försters, „der, den mein Vater geschossen hat."

Jäger sind immer für ihre Kinder da, es sei denn, die Kleinen sind wach.

Deutschlehrer: „Was für ein Fall ist das, wenn du sagst, mein Vater hat zwei Hasen geschossen?"
Die Tochter des Jagdpächters überlegt nicht lange: „Ein seltener, Herr Lehrer."

Der Oberjäger tadelt seinen Lehrling ärgerlich: „Wie kann man bloß an einem einzigen Tag so viel falsch machen?"
Darauf der Azubi: „Ganz einfach Chef, ich bin schon seit drei Uhr in der Frühe im Revier."

„Was sind das für Beeren?", fragt Stefan bei einem Waldspaziergang.
„Das sind Blaubeeren, mein Junge", erklärt der Vater.
„Aber die sind doch rot", bohrt der Junior nach, worauf der Vater erklärt:
„Ist doch klar, sie sind ja auch noch grün."

„Ich möchte gern ein Bandwurmmittel", bittet der Sohn des Jagdpächters den Apotheker.
„Soll es für einen Erwachsenen sein?", fragt der.
Darauf der Knirps: „Woher soll ich wissen, wie alt der Bandwurm von unserem Waltmann ist?"

Der Jäger geht mit seinem kleinen Sohn durch den Wald. Der entdeckt eine Ringelnatter und ruft: „Papi, schau mal, dort wedelt ein Schwanz ohne Hund."

Eine Schulklasse bekommt das Aufsatzthema „Unser Hund".
Die Tochter des Jagdpächters schreibt:
Überschrift: Unser Hund. Text: Wir haben keinen Hund.

Der Biologielehrer will seinen Schülern etwas über Wildschweine erzählen. Der Sohn des Jagdpächters schaut dabei gelangweilt aus dem Fenster.
Da ermahnt ihn der Lehrer: „Klaus, wenn du mich nicht ansiehst, wirst du nie wissen, wie ein Wildschwein aussieht."

„Papi, was ist relativ?" fragt der Sohn des Jagdpächters.
Der erklärt: „Wenn ich auf der Treibjagd vier Hasen schieße, ist das relativ wenig, wenn Herr Generaldirektor Müller auf derselben Jagd einen Hasen trifft, ist das relativ viel."

3. Unsere Damen – aber lieb sind sie doch

„Viele Verlobungen gehen gut aus", sagte der alte Oberförster, „aber mir sind auch Fälle bekannt geworden, wo sie zur Ehe führten!"

Frage an Radio Eriwan: „Ist es möglich, machen Liebe in Jagdhütte mit offenem Fenster?"
Antwort von Radio Eriwan: „Im Prinzip ja, aber Frau wäre vielleicht besser..."

Sie: „Du Tropf! Seit vier Wochen hast du deinen Jagdschein, vor drei Wochen, auf deiner ersten Jagd, hast du eine Kuh erschossen; letzte Woche hast du dir in den Fuß geschossen und jetzt kommst du an und beichtest mir, du hast einen Treiber erschossen!"
Er: „Immerhin, der Mann hieß Hirsch."

Sitzen zwei Jäger auf einem Hochsitz. Der eine schaut durchs Fernglas und fragt den Kollegen: „Sag mal, was würdest du machen, wenn deine Frau dich mit 'nem Kerl betrügen würde?"
Darauf der andere: „Du, das würde sie niemals tun!"
Der erste: „Egal, sag schon, was wenn doch?"
„Na ja", meint der erste, „ich würd' erst dem Typ sein Wertvollstes wegschießen und dann meiner Frau den Kopf!"
Darauf wieder der mit dem Fernglas: „Wenn du dich beeilst, schaffst du beides mit einem Schuss."

Anruf vom Tierarzt beim Oberjäger: „Ihre Frau ist mit Ihrer alten Jagd-hündin hier und bat mich, sie einzuschläfern. Geht das in Ordnung?"
„Ist schon recht, und die Hündin können Sie danach einfach auf die Stra-ße lassen, sie kennt den Weg nach Hause."

„Ich traf neulich auf einer Treibjagd eine Jungendliebe von mir und fragte sie: „Sag mal, bist du nicht Bärbel mit den dicken Möpsen?"
Da antwortete sie: „Nee, ich heiße Erika und führe einen Teckel."

Treffen sich zwei Jäger. „Was ist wichtiger", fragt der eine, „die Länge und das Kaliber des Gewehrlaufs oder die Schusstechnik?"
„Natürlich die Schusstechnik", antwortet der andere.
„So, so", meint der Macho, „wieder einer mit 'ner Faustfeuerwaffe."

Bei der Entenjagd. Im Boot will Hubertus zu seiner Standnachbarin zärt-lich werden.
Sie wehrt ab: „Warte bitte, vielleicht taucht mein Mann doch noch auf!"

„Mein Mann hat auf der Treibjagd eine riesige Sau geschossen", berichtet Frau S. ihrer Freundin stolz.
„Das sieht ihm ähnlich", erwidert die.
Fragt die Frau des Schützen: „Wieso, hast du es schon gesehen?"

Jäger: „Ich habe gestern auf der Treibjagd deine Frau getroffen."
Darauf der Freund erfreut: „Waidmannsdank!"

„Die Frau von unserem Jagdfreund hat im Tierheim für ihren Mann einen gut abgerichteten Deutsch Drahthaar bekommen."
„Das war aber ein guter Tausch!"

4. Hunde – Treue auf vier Beinen

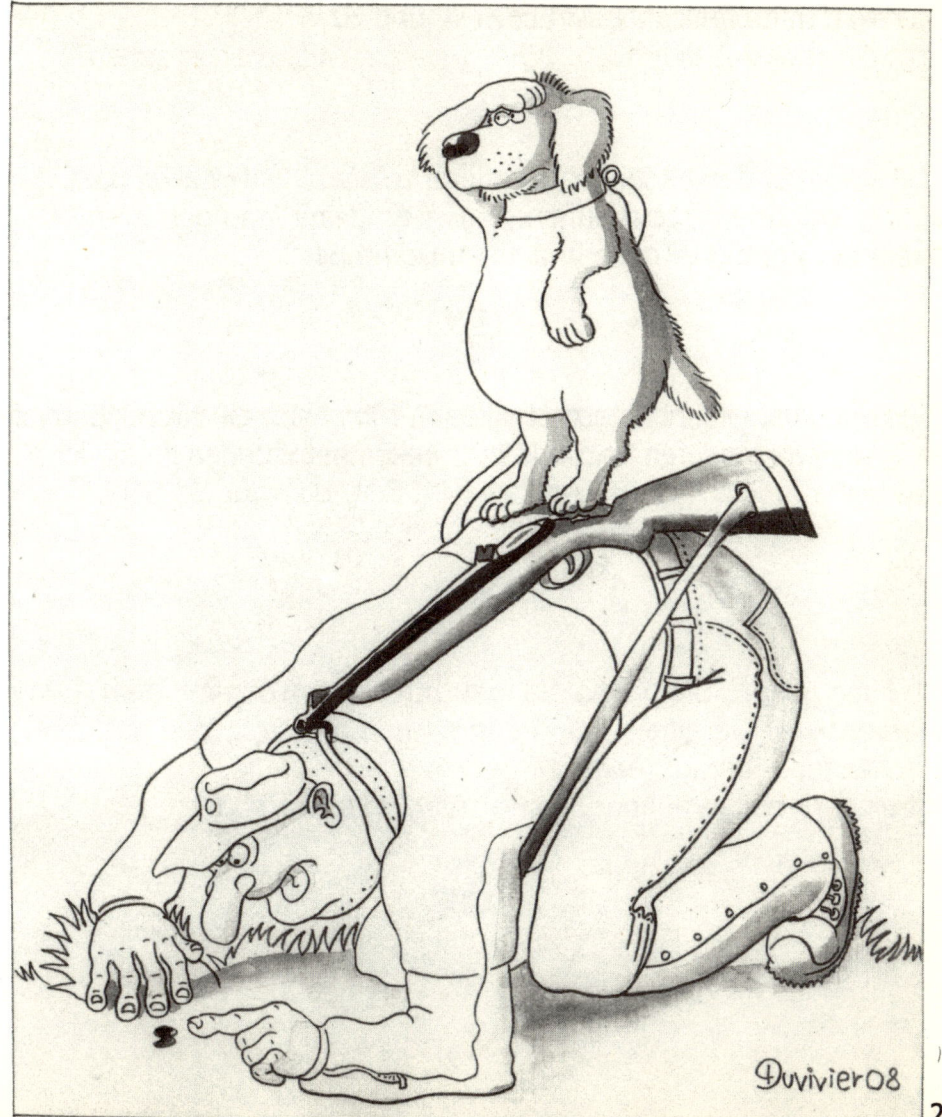

Herr Meier hat von Herrn Schindler einen Schweißhund gekauft. Nach zwei Wochen schreibt er einen Brief an den Verkäufer: „Das W, das in ihrem Namen fehlt, hat ihr Schweißhund zu viel."

Fragt ein Jäger den anderen: „Tut mir ja Leid um deine Katze, dass sie tot ist, aber warum buddelst du ein so großes Loch?"
„Das muss ich, die ist doch in deinem Drahthaar."

„Mein Hund hat eine phantastische Nase", rühmt sich ein Jäger. „Er ist meiner Frau davongelaufen und fand mich nach drei Stunden im Revier."
„Ich denke", meint der Freund, „es wird Zeit, dass du die Socken wechselst."

„Ich habe gehört, Sie haben die Frau Ihres Jagdherrn mit dem Auto angefahren, weil Sie einem Hund ausweichen mussten. Wie hat denn Ihr Brötchengeber darauf reagiert?"
„Mit einer Gehaltserhöhung, es war nämlich sein Hund."

Treffen sich der Langhaar und der Jagdterrier beim Tierarzt. Meint der erste: „Sag' mal, warum bist du denn hier?"

„Ich habe die Tochter unseres Nachbarn gebissen. Und jetzt soll ich eingeschläfert werden. Und du?"

„Ich habe im Badezimmer gelegen, als mein Frauchen reinkam. Und als sie sich dann über die Badewanne gebückt hat, hab' ich sie von hinten..."

„Oh je, und jetzt wirst du auch eingeschläfert?"

„Nein, ich bin nur zum Nägelschneiden hier..."

Wo liegt der Unterschied zwischen einem Jagd- und einem Kampfhund? Pinkelt der Jagdhund mal gegen einen Jägerstiefel, zieht man ihn schnell weg, tut es der Kampfhund, lässt man ihn.

Frau Oberförster erscheint auf dem Amt.

„Ich wollte gerne die Hundesteuer bezahlen."

„Auf welchen Namen?"

„Hirschmann!"

„Was ist mit deinem neuen Jagdterrier los, ist der Bursche wirklich so scharf?"

„Das kann ich dir sagen, der Hund ist große Klasse. Ich schlafe schon drei Tage im Hotel, weil er mich nicht in mein Haus lässt."

Der alte Förster sitzt mit seinem Hund vor dem Fernsehapparat, schaut sich einen Western an und lacht plötzlich laut auf: „Schau dir das an, Hirschmann, der dumme Cowboy spricht mit seinem Pferd!"

„Lässt Ihr Terrier überhaupt jemanden in seine Nähe?"

„Natürlich, sonst könnte er ihn ja nicht beißen."

„Mein Schweißhund ist nicht nur hübsch, er ist auch erstaunlich intelligent", berichtet Jäger Hubert am Stammtisch.

„Als ich gestern mit ihm zur Jagd ging, blieb ich stehen und sagte zu ihm: Hirschmann, was haben wir vergessen? Was meinen Sie wohl, was er tat? Er setzte sich hin, kratzte sich hinter den Behängen und dachte nach, was es wohl sein könnte."

Sagt ein Jäger zum anderen: „Mein Hund ist so faul."
Fragt der andere Waidmann: „Wieso denn?"
Antwortet der erste: „Andere Hunde bringen die Leine, wenn sie spazieren gehen wollen, meiner bringt mir die Autoschlüssel."

„Pass' gefälligst besser auf deinen Hund auf, mindestens vier Straßen hat er mich auf dem Fahrrad verfolgt", beschwert sich der Mann beim Sohn des Försters.
„Nein, das ist unmöglich, unser Hund kann überhaupt nicht Rad fahren."

„Entsetzlich", schreit Hubertus seine Haushaltshilfe an, als er von der Jagd zurückkommt, „Sie haben den Hundezwinger offen gelassen."
„Halb so schlimm", antwortet die gute Perle, „wer stiehlt schon einen bissigen Jagdhund."

5. Alkohol –
ein Freund mit dunklen Seiten

Treffen sich zwei Jäger nach der Jagd vor der Hütte.
„Hast du schon gefrühstückt?"
„Nein, keinen Schluck."

Was muss ein Jäger trinken, wenn er 0,5 Promille erreichen will?
Drei Tage lang gar nichts.

„Wenn du nicht immer so viel trinken würdest, könntest du schon längst zum Oberjäger befördert worden sein", tadelt Erika ihren Freund Hubertus.
„Ach lass mich nur", kontert der, „wenn ich ordentlich einen getrunken habe, dann fühle ich mich sogar als Wildmeister."

Nach erfolgreicher Jagd:
„Was darf ich dir anbieten, Whisky, Kognak, Grog?
„Gib mir man erst einen doppelten Whisky und während du dann den Grog fertig machst, trinke ich einen anständigen Kognak."

„Ich gehe zum Frühschoppen", brummt Hubertus, „wenn ich bis Mittag nicht zurück bin, brauchst du mit dem Abendessen nicht auf mich zu warten."

„Ist dort die Beratungsstelle für Alkoholiker?"
„Ja, bitte?"
„Ich brauche einen Rat."
„Gerne, dafür sind wir ja da."
„Muss man zu gebratenem Rehrücken unbedingt Rotwein trinken oder kann ich auch Rosé servieren?"

Maier kommt mit einem Hasen in die Kneipe.
„Waidmannsheil, Herr Maier, na, da haben Sie ja Waidmannsheil gehabt!"
„Ja", meint Maier, „wenn man bedenkt, dass ich auf einen Fasan gehalten habe."

„Zum Frühstück", erklärt der Förster, „benötige ich drei Dinge: Eine Flasche Whisky, eine Schachtel Kekse und meinen Hund."
„Hund, wozu denn den?"
„Einer muss doch die Kekse essen."

„Dein Jagdherr soll ja ein starker Trinker sein?"
„Das ist ganz unterschiedlich. An manchen Tagen trinkt er 20 Glas Bier und dazu jedes Mal nur einen Schnaps, aber an anderen Tagen kann er überhaupt nicht genug kriegen."

Heiße Diskussion am Jägerstammtisch über Ähnlichkeiten zwischen Mensch und Tier. „Und es gibt doch einen gravierenden Unterschied", meint Hubertus trocken.
„Und der wäre?", fragen die anderen.
„Ein Tier säuft keinen Alkohol und raucht keinen Tabak!"

Hubertus hat bei der Treibjagd schon gewaltig einen gebechert, und sein Freund fällt ihm immer mehr mit seinem Gerede auf die Nerven. Da erzählt Hubertus von seinem Traum in der letzten Nacht.
„Du, ich stand an der Himmelspforte, aber Petrus wollte mich nicht einlassen. Jäger kommen nicht in den Himmel, wimmelte der Kerl mich ab. Da sah ich dich durch die offene Himmelstür, wie du es dir auf einer Wolke gemütlich machtest, ein Glas Bier in der Hand, und ich beschwerte mich bei Petrus, doch der sagte ungerührt: Halten Sie den etwa für einen Jäger?"

„Schönen Dank", sagt der Jagdherr zu dem trinkfesten Waldarbeiter. „Sie haben den starken Keiler gefährtet, das ist eine gute Nachricht. Hier haben Sie fünf Euro, aber kaufen Sie mir nun nicht gleich Schnaps dafür!"
Staunt der Waldarbeiter: „Ihnen? Wie käm' ich denn dazu!"

6. Ärzte – Heiler mit grüner Seele

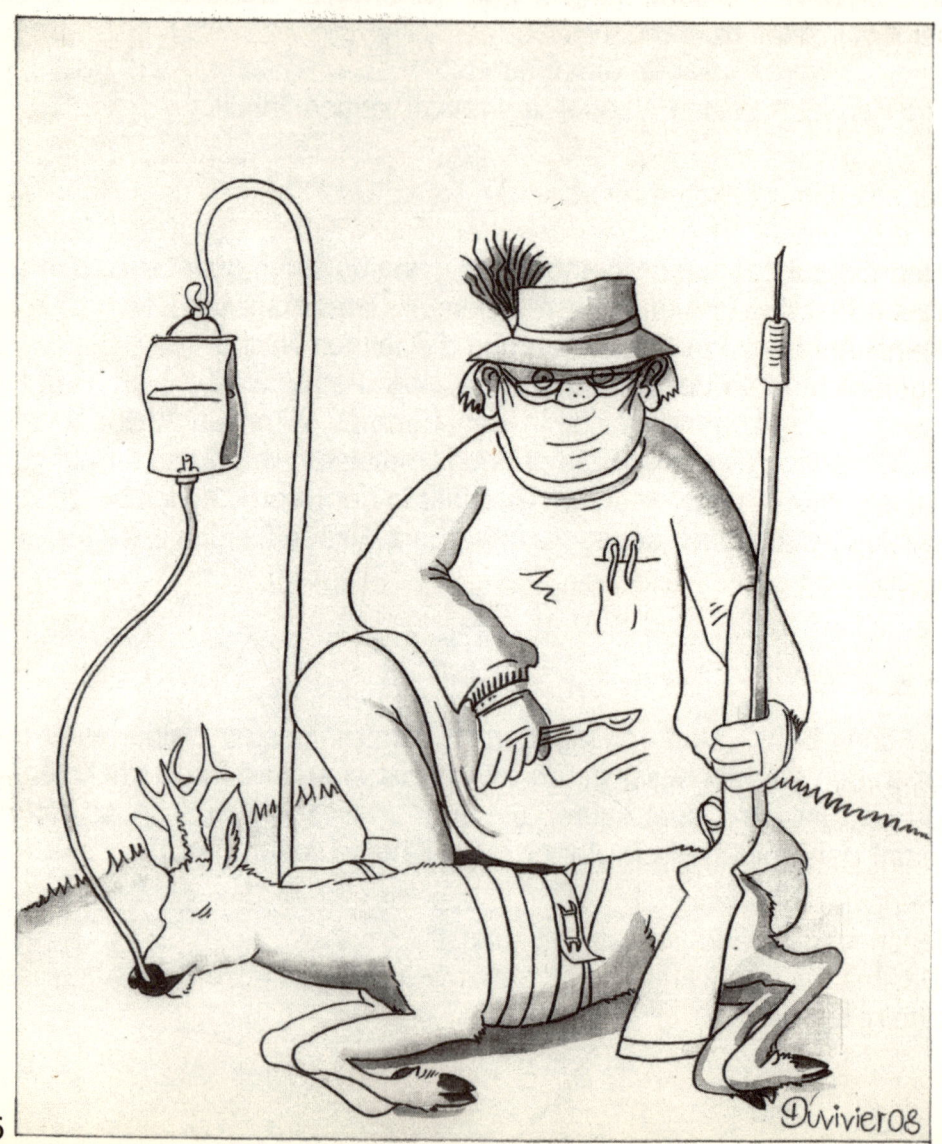

Trotz ärztlicher Behandlung ist der treue Treff gestorben. Der Jäger zum Arzt: „Ach, Herr Doktor, nun war Ihre ganze Mühe umsonst."
Der Arzt: „Aber nein, mein Lieber, die Rechnung schicke ich Ihnen noch."

Der alte Jäger bekommt vom Arzt Viagra verschrieben. Einen Monat später erscheint er freudig wieder in der Praxis.
„Herr Doktor, Sie haben ein Wunder vollbracht!"
„Das höre ich gerne, und Ihre Frau, ist sie auch zufrieden?"
„Keine Ahnung", zuckt der Altgrüne mit den Achseln, „ich war seit 14 Tagen nicht mehr zu Hause."

Der alte Jagdherr trifft nach der Pirsch im Wirtshaus seinen Arzt.
„Wissen Sie schon, was ich heute erlegt habe?"
„Ja, ja", winkt der Mediziner ab, „war schon bei mir in Behandlung."

Fragt der Arzt seinen Patienten: „Sind Sie jetzt ausgeglichener und ruhiger geworden, seitdem ich Ihnen verordnete, auf die Jagd zu gehen?"
„Nein, Herr Doktor, im Gegenteil, ich bin noch unruhiger geworden!"
„Merkwürdig", meint der Arzt, „in der Regel hilft es meinen Patienten, denen ich die Jagd verordnet habe."
„Das mag ja sein, Herr Doktor, aber die haben vielleicht auch einen Jagdschein!"

„Herr Doktor, bitte helfen Sie mir, jede Nacht träume ich von einem kapitalen Rehbock!"

„Ja, träumen Sie denn nie von etwas anderem, zum Beispiel von einer Liebelei mit einem hübschen Mädchen?"

„Um Gottes Willen, Herr Doktor, damit mir ein anderer den Bock vor der Nase wegschießt!?"

Ein gestandener Wildmeister hat verdammtes Rheuma in der Schulter.

„Na", sagt der Doktor, „früher wohl ganz flott gelebt?"

„Zugegeben", sagt der Jägersmann, „aber mit der Schulter eigentlich nicht."

„Wie lange kochen Sie das Gehörn eines Rehbockes?", wird ein Arzt bei der Jägerprüfung gefragt.

„Zwei bis drei Stunden!"

„Aber als Arzt müssten Sie doch wissen, wann das Fleisch vom Knochen abfällt!?!"

„Für gewöhnlich koche ich meine Patienten nicht!"

„Du warst gestern im Krankenhaus?", fragt der Jagdfreund.

„Ja, wegen meiner Kopfschmerzen. Sie haben meinen Kopf geröntgt, aber nichts gefunden."

„Was hast du denn erwartet?"

Zuerst geht es ganz gut in der Ehe zwischen dem alten Förster und seiner jungen Frau, doch dann treten Schwierigkeiten auf. Der Förster fährt in die Stadt und holt sich Rat von einem Arzt.

„Wenn Sie morgens in den Wald gehen und es überkommt Sie plötzlich das Verlangen nach Ihrer Frau, warten Sie nicht, sondern rennen sofort ins Forsthaus.

Eine Woche später ist der Förster wieder beim Arzt: „Ich habe Ihren Rat befolgt, aber durch das Rennen war ich so erschöpft, dass ich zu nichts anderem mehr fähig war."

„Dann machen Sie's umgekehrt. Schießen Sie in die Luft, wenn es Sie wieder nach Ihrer Frau verlangt, damit sie schnell zu Ihnen in den Wald kommt.

Später im Jahr treffen sich Förster und Arzt. „Na, hat mein Rat Erfolg gehabt?", fragt der Arzt.

„Oh ja, zuerst ging es ganz gut. Kritisch wurde es, als die Jagdzeit begann. Ich sah sie nie wieder!"

Das Schüsseltreiben nähert sich dem Ende. Der Gynäkologe ist zum dritten Mal Jagdkönig geworden. Dem Jagdherrn ist es unverständlich, dass der Arzt so viel Anlauf hat. Als der Alkoholspiegel hoch genug ist, fragt er ihn nach seinem Geheimnis.

„Einmal bei der Frau unters Höschen fassen, Finger nicht abwischen und in den Wind halten, aber bitte kein Wort zu irgendjemand sagen."

Am nächsten Morgen stolpert der Jagdherr durch die Eingangshalle, als er zur Nachbartreibjagd will. Seine Frau auf der Treppe ist kaum verwundert, als er ihr von hinten unter den Rock greift und meint:

„Waidmannsheil, Herr Doktor."

Nach der Treibjagd wird dem Baron die Strecke gemeldet: „31 Fasane, 15 Rebhühner, 28 Hasen, ein Treiber."
Dem Baron stockt der Atem. Dann rast er mit dem Schwerverletzten ins Krankenhaus.
„Die paar Schrotkugeln hätten ihm kaum geschadet", erklärt der Chefarzt, „aber dass Ihre Leute den Mann aufgebrochen haben, wird er kaum überleben."

Einige Jäger gehen durch den Wald. Plötzlich bricht einer von ihnen zusammen. Er scheint nicht zu atmen, seine Augen sind glasig. Ein anderer Jäger greift zum Mobiltelefon und betätigt den Notruf.
„Mein Freund ist tot. Was soll ich tun?", fragt er in Panik.
„Erst einmal ganz ruhig bleiben", bekommt er vom diensthabenden Arzt zur Antwort, „überzeugen Sie sich zunächst, dass er wirklich tot ist."
Stille, dann plötzlich ein Schuss.
Der Jäger fragt: „Gut, was jetzt?"

Hubertus hat von den vielen nächtlichen Ansitzen mächtig Sitzbeschwerden bekommen und konsultiert einen Arzt.
Der fordert ihn auf: „Machen Sie sich bitte frei, drehen Sie sich um und bücken sich."
Nach kurzer Untersuchung sagt er zu Hubertus: „Sie haben die typische Försterkrankheit: Hämorriden."
Hubertus richtet sich wieder auf und meint: „Na und, haben Sie sich nicht getraut, mir das ins Gesicht zu sagen?"

7. Anwälte – die lachenden Dritten

Ein Jäger steht vor Gericht. Fragt der Richter: „Warum haben Sie denn auf Ihren Jagdnachbarn geschossen? Er hat doch laut und deutlich gerufen, dass er kein Wildschwein sei."
„Ha, den kenne ich, Herr Vorsitzender, der lügt immer."

Hubertus ist beim Wildern erwischt worden. Er fragt seinen Anwalt vor der Gerichtsverhandlung, wie lange die ganze Angelegenheit wohl dauern werde.
Anwalt: „Für mich drei Stunden und für sie drei Jahre."

Richter: „Nun verraten Sie mir bitte, Herr Meyer, warum Sie auf Ihren Jagdgenossen geschossen haben!"
„Ich habe ihn in der Aufregung für ein Reh gehalten."
„Und wann bemerkten Sie Ihren Irrtum?"
„Als das Reh zurückschoss."

„Herr Anwalt, was kostet eine Scheidung?"
„Mindestens 5000 Euro."
„Was", sagt die Dame, „so teuer? Für 1000 Euro kann ich ihn ja schon auf der Drückjagd erschießen lassen!"

„Also, noch einmal", sagte der Staatsanwalt, „Sie kamen früher von der Jagd nach Hause und fanden Ihre Frau mit einem fremden Mann im Bett?"

„Stimmt", erwidert der Angeklagte.

„Darauf nahmen Sie die Flinte und erschossen Ihre Frau", fuhr der Staatsanwalt fort.

„Stimmt auch."

„Jetzt frage ich mich doch, warum Sie Ihre Frau und nicht den Liebhaber erschossen haben?"

„Na ja", sagte der Grünberockte, „es schien mir vernünftiger, als jeden Tag einen anderen Mann zu erschießen."

Bei einem Scheidungsprozess fragt der Anwalt den Jäger ungläubig: „Sie haben zehn Jahre nicht mit Ihrer Frau gesprochen, wie konnte das denn passieren?"

„Ich wollte sie nicht unterbrechen."

Der alte Oberförster wird nach der Gerichtsverhandlung gefragt: „Hoffentlich habe ich Sie mit meinen Fragen nicht aus der Fassung gebracht."

„Nein, Herr Richter, ich bin solche Fragen gewohnt, ich bin Jungjägerausbilder."

„Warum haben Sie denn Ihren Mann mit Pfeil und Bogen erschossen?"
Herr Richter, ich wollte die Kinder nicht wecken."

„Angeklagter, wo waren Sie in der fraglichen Nacht zwischen zwei und drei Uhr", wird der Wilderer in der Gerichtsverhandlung gefragt.
„Im Bett, Herr Richter."
„Zeugen?"
„Ich hab's versucht."

Richter zum überführten Wilderer: „Angeklagter, ich verstehe nicht, dass Sie die wunderhübschen Grandeln des von ihnen gewilderten Hirsches nicht mitgenommen haben."
Darauf der Beschuldigte: „Herr Richter, jetzt fangen Sie auch schon an wie meine Frau."

8. Pastoren – Schüsse von der Kanzel

Am Stammtisch grübelt ein Jäger vor sich hin, bis die anderen ihn fragen, was denn mit ihm los sei. Da fragt er: „Gibt es eigentlich schwarze Katzen, die einen halben Meter groß sind?"

Nach eingehender Diskussion bildet sich eine Mehrheit heraus, dass das durchaus möglich sein könnte.

„Gibt es auch schwarze Katzen, die einen Meter groß sind?"

Die meisten Stammtischbrüder glauben, dies sei kaum denkbar.

„Und gibt es schwarze Katzen, die einen Meter siebzig groß sind?"

„Unmöglich", lautet die einhellige Meinung.

Darauf der Betroffene: „Ich glaube, dann habe ich heute früh unseren Pfarrer überfahren."

„Ich habe seit Tagen unerträgliche Kopfschmerzen", erzählt der Pastor seinem Arzt.

„Sie sind doch Jäger, wahrscheinlich haben Sie beim letzten Schüsseltreiben zu viel und zu fett gegessen."

„Nein – im Gegenteil: Ich halte strenge Fastendiät."

„Dann trinken Sie auf dem Ansitz sicher zu viel, um sich aufzuwärmen!"

„Keineswegs. Höchstens Wasser."

„Dann haben Sie sich gewiss darüber geärgert, dass Ihr Jagdnachbar Ihnen den starken Hirsch vor der Nase weggeschossen hat."

„Mein Leben lang habe ich noch nie Jagdneid gespürt."

„Dann gibt es nur eine Erklärung für Ihre Schmerzen: Ihr Heiligenschein drückt!"

Auf einer Treibjagd in Süddeutschland hat ein junger Mann bereits viermal hintereinander vorbeigeschossen. Als er wieder fehlt, stößt er die grässlichsten Flüche aus, die er kennt.

Meint sein Nachbarschütze, ein Pfarrer: „Junger Mann, wer wird denn so schrecklich fluchen! Versuchen Sie es mit Beten, z.B. Lieber Gott, hilf mir!"

Der junge Mann blickt verzweifelt zum Himmel und spricht:

„Lieber Gott, hilf mir!" Kurz darauf schießt er eine Dublette.

Darauf der Pfarrer: „Gewitterdunnerwetter, des hätt isch doch net denkt!"

Ein Jäger zieht allein durch die Steppe. Plötzlich kommen zwei Löwen auf ihn zu und wollen ihn fressen. Da eine Flucht sinnlos erscheint, schickt der Mann ein Stoßgebet zum Himmel: „Oh lieber Gott, mach' diese Löwen fromm!" Dann fällt er in Ohnmacht.

Als er wieder aufwacht, sitzen die beiden Löwen um ihn herum und beten: „Komm, Herr Jesus, sei unser Gast, und segne, was du uns bescheret hast!"

Der Pastor auf der gut besuchten Hubertusmesse:

„Die, die glauben, Gott am Sonntagmorgen in der Natur finden zu können, und deshalb meinen, nicht in den Gottesdienst gehen zu müssen, sollten sich auch vom Oberförster beerdigen lassen."

Ein Kaplan aus der Stadt ist in ein Dorf versetzt worden. Beim ersten Beichthören kommt Florian und beichtet, er habe einen Rehbock gewildert.

Mit solchen Delikten nicht vertraut, bittet der Kaplan ihn auf die Absolution zu warten, läuft zum Pfarrer und fragt ihn: „Bei mir ist der Florian, er hat einen Rehbock gewildert, was soll ich ihm denn dafür geben?"

Darauf der Pfarrer: „Beim Florian kann man nicht handeln, dem werden sie schon fünf Euro pro Kilo geben müssen."

„Wie ich höre, war der Pfarrer gestern auf der Jagd. Hat er etwas geschossen?"

„Hochwürden schoss ganz wundervoll, doch der liebe Gott war mit den Fasanen und Hasen."

Der Pastor ist begeisterter Jäger und wird auf einen Hirsch eingeladen. Da er aber an dem Tag ein Hochamt abhalten muss, entschuldigt er sich wegen angeblicher Erkältung beim Bischof und erlegt seinen Lebenshirsch.

Der Teufel tritt vor den Herrn und beschwert sich: „Wie konntest du das zulassen? Dein Diener hat gelogen und du ermöglichst ihm ein solches Waidmannsheil! Du hättest ihn bestrafen müssen!"

„Aber das habe ich doch", sagt der Herr. „Er hat seinen Lebenshirsch erlegt und darf es niemandem erzählen!"

Die Gemeinde hat einen neuen Pastor. Er ist Jäger. In der ersten Woche geht er mit zwei Bauern zur Entenjagd. Die drei sitzen an einem breiten Wasser an. Langsam neigt sich der Abend, die Dämmerung bricht an.

Beim ersten Schützen kommen Enten, nach dem Schuss fallen zwei in den See. Der Schütze geht im schwindenden Licht über die Wasserfläche, holt die beiden Enten und kommt auf dem gleichen Wege und auf die gleiche Art zurück.

Der Pastor kann es kaum fassen. Da knallt es beim zweiten Schützen. Wieder fällt eine Ente, und der Pastor beobachtet, wie auch dieser Schütze behutsam im letzten Licht über das Wasser geht und die Ente holt.

Nun schießt auch der Pastor eine Ente. Sie fällt ins Wasser. Er sieht sie auf dem Teich schwimmen, denkt daran, auf welch wunderbare Weise seine Waidgesellen ihre Beute geholt haben und läuft hoch aufgerichtet auf die treibende Ente zu. Aber das Wasser rinnt ihm in die Stiefel, bald reicht es ihm bis zum Gürtel und zuletzt fällt er sogar in den Teich.

„Ja, ja", sagt der eine Bauer. „Unser neuer Pastor ist zwar stark im Glauben, aber wo im Teich die Steine liegen, das weiß er noch nicht."

Der Pastor ist recht erstaunt, Hubertus auch mal in der Kirche zu sehen. Am nächsten Tag begrüßt er ihn: „Ich freue mich, dass Sie am Sonntag den Weg zu uns gefunden haben."

Hubertus murmelt vor sich hin: „Also dort bin ich nach dem Schüsseltreiben am Samstagabend gelandet."

Ein Pastor und ein Landwirt buschieren Kaninchen. Da wird ein Lapuz von den Hunden aus der Sasse gestochen, der Bauer schießt, trifft nicht und murmelt: „Scheiße, daneben!"

Der Pastor schaut nur streng. Minuten später wieder ein Fehlschuss: „Verdammte Scheiße, daneben."

Der Pastor grummelt: „Na, na, na!"

Beim nächsten Fehlversuch flucht der Bauer erneut: „So ein Mist, daneben."

Der Pastor droht: „Beim nächsten Fluch wird die Erde erbeben, der Himmel wird sich auftun, ein greller Blitz wird hernieder fahren und dich auf der Stelle töten!"

Minuten später fehlt der Bauer erneut: „Scheiße, wieder daneben."

Da erbebt die Erde, der Himmel tut sich auf und ein greller Blitz fährt hernieder – trifft aber nicht den Landwirt, sondern den Pastor, und es ertönt eine drohende Stimme von oben: „Verdammte Scheiße, daneben!"

9. Jagdhorn –
Musik wird störend oft empfunden

Treffen sich zwei Jäger auf der Straße. Sagt der eine: „Ich hab' eben eine tolle CD von eurer Jagdhorngruppe gekauft!"
Der andere: „Ach, du warst das."

Vor der Probe der Jagdhornbläser. „Was dirigiert denn euer Leiter?"
"Das weiß ich nicht, wir blasen den Jägermarsch."

An der Tür des Saales, in dem die Jagdhornbläser üben, hängt ein Schild: „Jagdhunde müssen draußen bleiben."
Nach der Veranstaltung steht unter dem Schild die handschriftliche Ergänzung: „Der Tierschutzverein."

Hubertus feuert seine Jagdhornbläser während der Probe an: „Blasen Sie, sonst blase ich!"

„Stimmt es, dass du deinen Sohn den ganzen Tag lang auf dem Jagdhorn üben lässt?"
„Ja, ich weiß genau, was ich will."
„Und was wäre das?"
„Die Wohnung von nebenan."

Anruf vom Nachbarn:
„Lieber Jägersmann, könnten Sie mal für ein paar Stunden darauf verzichten, auf dem Jagdhorn zu üben. Unsere Sülze wird nicht fest!"

Zum Förster kam eine ältere Frau gelaufen und lamentierte: „Kommen Sie schnell, ein Unglück, im Moor ertrinkt eine Kuh, sie brüllt zum Steinerweichen!"
„Wo ist das?", fragte der Forstmann.
„Na unten im Bruch am See!"
„Beruhigen Sie sich, dort sitzt mein Lehrling und lernt Jagdhornblasen!"

„Omi, das Jagdhorn von dir ist mein schönstes Weihnachtsgeschenk."
„Tatsächlich?", freut sich die Großmutter.
„Aber ja! Papi gibt mir immer, wenn ich anfange zu blasen, einen Euro damit ich aufhöre."

„Heh, toller Drilling, wie hast du denn den finanziert?"
„Ich habe dem Waffenhändler mein Jagdhorn in Zahlung gegeben."
„Und das hat er akzeptiert?"
„Ja, er war sogar sehr glücklich mit dem Handel, er wohnt übrigens direkt über mir."

Vor einem Berg übt ein Jagdhornbläser und spielt immer wieder falsche Töne. Fragt ihn ein Passant, warum er das „f" immer zu hoch spiele. Antwortet der Trompeter: „Ich spiele schon richtig. Aber sehen sie, da oben ist ein Kreuz. Das Echo schallt mir immer wieder ein „fis" zurück."

Warum ist das Jagdhorn ein göttliches Instrument?
Ein Mensch bläst zwar hinein, aber Gott allein weiß, was raus kommt...

Womit kämpft die Jagdhorngruppe?
Der erste Hornist kämpft mit der Höhe, der zweite mit der Intonation, der dritte mit den Pausentakten und der vierte mit dem Schlaf.

Mit welchen Instrumenten ist eine Jagdhorngruppe besetzt?
Fürst-Plesshorn, Parforcehorn, Alphorn, Martinshorn und Nashorn (Gruppenleiter).

Der Leiter einer Jagdhorngruppe fordert von einem der Bläser, so lange leiser zu blasen, bis dieser frustriert in der Generalprobe gar nicht mehr spielt. „Jetzt war es schon fast gut, in der Aufführung aber bitte noch etwas leiser!"

Probe bei den Jagdhornbläsern.

Der Dirigent: „Jetzt das Ganze noch mal in Forte!"

Die Bläser atmen tief ein und legen los.

Der Dirigent bricht ab: „Nein, nein, Forte, bitte."

Die Bläser haben schon hochrote Köpfe, aber der Dirigent winkt schon wieder ab.

Darauf einer der erste Jäger: „Tut uns Leid, lauter geht's nicht!"

Der Dirigent: „Wieso lauter? Forte, nicht Fortissimo!"

Ein Jaghornbläser geht am Sandkasten vorbei. Ein kleiner Bub spielt mit Sand. Jaghornbläser: „Wos baus'dn do?"

Der Bub: „An Jagdhornbläser!"

Jaghornbläser: „Wia geht'n des, Bub?" – „I nimm' Sand, Wasser und an Scheißdreck!"

Der Jaghornbläser haut ihm eine rein. Am nächsten Tag dasselbe Spiel: Jaghornbläser: „Wos baus'dn do?"

Bub: „Jaghornbläser!"

Jaghornbläser: „Wia geht'n des?" Bub: „Sand, Wasser, Scheißdreck!"

Jaghornbläser: Haut ihm eine rein.

Am dritten Tag. Jaghornbläser: „Wos baus'dn do?"

Bub: „An Akkordeonspieler!"

„So?", sagt der Jaghornbläser, „Wia geht'n der?"

Bub: „I nimm Wasser und Sand!"

Darauf der Jaghornbläser: „Ja ... und koan Scheißdreck?"

Darauf der Bua: „Naa! Sonst wird's ja wieda a Jaghornbläser!"

Ein Jagdhornbläser wird gefragt, wen er lieber hätte, seine Frau oder sein Horn?
Er sagt: „Mein Jagdhorn, da kann ich das Mundstück abnehmen."

Jagdhornbläser kennen den kürzesten Musikerwitz:
Piano.

Der stolze Jäger zu seinem Jagdfreund: „Finden Sie nicht, dass mein Sohn sehr gut Jagdhorn blasen kann?"
Gast: „Wie bitte?"
Der Jäger: „Ich sagte, finden Sie nicht, dass mein Sohn gut Jagdhorn bläst?"
Gast: „Verzeihen Sie, ich kann Sie nicht verstehen, solange dieses Gör dort so entsetzlich auf seiner Tröte tutet."

10. Meisterschüsse – Treffer ohne Zeugen

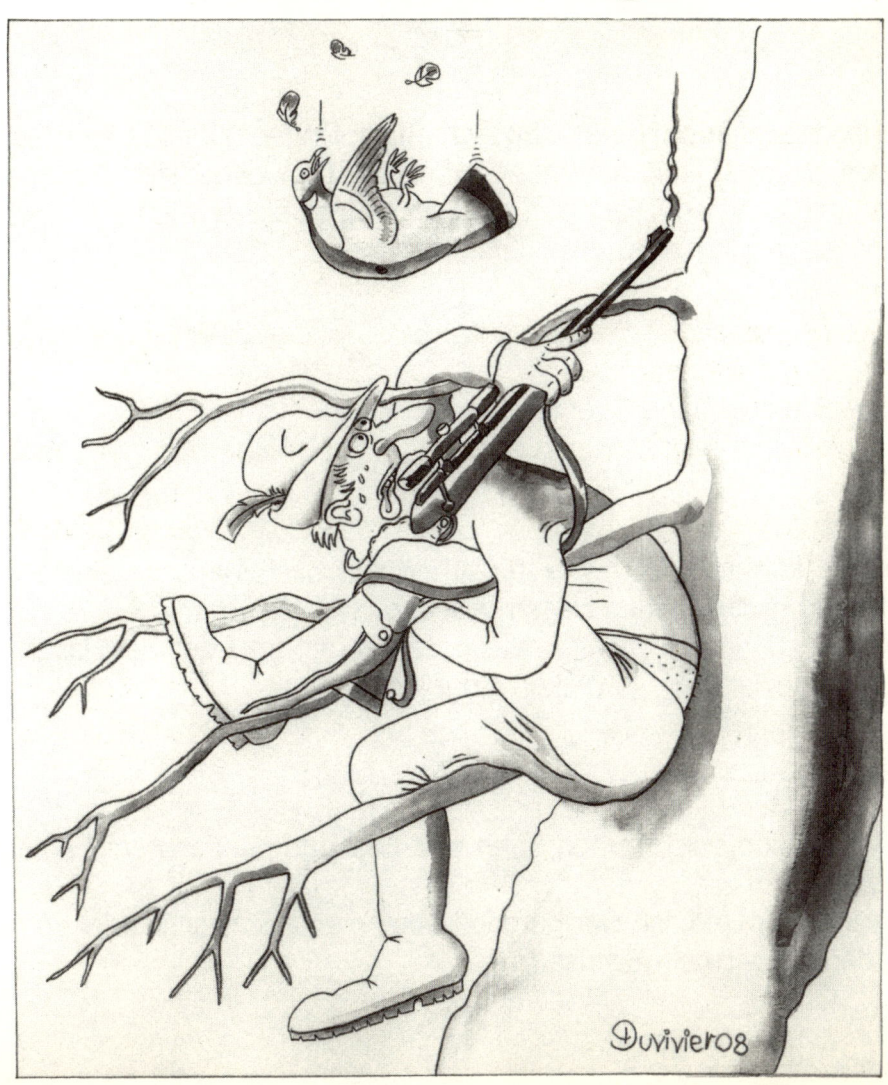

Ein Jäger hat dem anderen das Auge ausgeschossen. Im Krankenhaus treffen sie sich wieder. Sagt der eine zum anderen: „Wenn du das noch mal machst, schau ich dich nie wieder an."

Zwei Sonntagsjäger haben es geschafft, auf offener Weide eine Kuh zu erlegen. Wütend läuft der Bauer auf sie zu. Da wendet sich der eine Jäger an den anderen: „Pass auf, der kommt jetzt sicher wieder mit Schonzeit oder sonst irgendeinem Blödsinn!"

Treffen sich zwei Jäger – einer überlebt schwer verletzt.

Hubertus kommt von der ersten Treibjagd nach Hause. Seine Mutter fragt: „Na, hast du einen Hasen geschossen?"
Hubertus: „Das wäre etwas zu viel gesagt, aber drei oder vier Hasen hab' ich einen gewaltigen Schrecken eingejagt."

Der Vater knöpft sich seinen Sohn vor: „Hast du die Fensterscheibe eingeworfen?"
„Ja, es tut mir Leid, ich war gerade dabei, meine Steinschleuder zu reinigen, da löste sich ein Schuss."

Stammtisch im Gasthof zum Hirsch. Hubertus kommt verspätet und klagt, er habe seinen Jagdhut verlegt, das gute Stück irgendwo liegen lassen, aber die anderen Jäger lauschen lieber dem Waidgenossen Meier, der eine spannende Geschichte erzählt, als sich die Sorgen von Hubertus anzuhören.

„Und dann hörte ich die Rotte kommen, ging in Anschlag, der erste Über-läufer wollte die Schneise überqueren. PIFF, er lag im Feuer, ich repetie-re, der nächste erschien, PAFF, nun kam auch der dritte..."

„Jetzt weiß ich, wo ich den Hut vergessen habe", unterbricht Hubertus erfreut.

Drei Jäger sitzen im Wirtshaus und prahlen. Der erste: „Ich habe mal ei-nen Keiler geschossen, der war so schwer, dass ich ihn mit einem Traktor bergen musste."

Der zweite: „Ich habe einen Hirsch mit einem so starken Geweih erlegt, dass ich mehrere Bäume fällen musste, um ihn aus dem Wald zu schlep-pen."

Da sagt der dritte Jäger: „Das ist noch gar nichts! Ich habe mal einen Vogel geschossen. Als er herunterfiel, stiegen 120 Leute aus."

Zwei Jäger im Gespräch. Der eine verkündet: „Seit ein paar Wochen ma-che ich Bogenschießen."

Der andere: „Toll, dass du das kannst, ich finde es schon schwierig, ge-radeaus zu schießen."

„Meine Jagd ist sündhaft teuer. An die Kosten darf ich gar nicht denken! Die Pacht, der Wildschaden, die Ausrüstung, die Munition. Und dann die teuren Gäste und die ständige Hin- und Herfahrerei. Wenn ich es richtig rechne, so kostet ein Hase glatt 1000 Euro!"
„Ja", meint der andere Jäger nachdenklich, „da kannst du noch froh sein, dass du so selten einen Hasen triffst!"

„Jeder Jagdgast macht irgendwann Freude. Wenn nicht beim Kommen, dann wenigstens beim Gehen", meditiert der alte Jagdaufseher.

Der Baron fehlt einen Fasanen und wendet sich zu seinem Jäger: „Habe ich getroffen?"
„Herr Baron haben geruht, den Fasan zu pardonnieren."

„Sie sind doch ein guter Schütze, können sie mir mal was vorschießen, für den Anfang würden mir zwanzig Euro reichen."

Du, ich habe gestern 14 Enten geschossen!"
„Wilde?"
„Nein, wild war nur der Bauer, dem sie gehörten."

Ein alter und ein junger Jäger auf dem Hochsitz. Nach stundenlangem Warten erscheint ein Hirsch auf der Lichtung. Der junge Jäger reißt das Gewehr hoch, doch der Alte schüttelt den Kopf: „Der ist noch zu jung!" Weiteres Warten, ein anderer Hirsch kommt – wieder will der junge Jäger anlegen, wieder verhindert der Alte den Schuss: „Der ist zu alt!"
Einige Zeit später kommt ein weiterer Hirsch aus dem Wald gehumpelt – er schont, ein Lauscher fehlt, die Decke macht einen ramponierten Eindruck.
Da nickt der Senior: „So, jetzt, auf den schießen wir auch immer."

Drei Jäger wetten, wer die größte Beute nach Hause bringt und ziehen in den Wald.
Zwei treffen sich, wie vereinbart, nach zwei Stunden wieder am Jagdhaus. Der erste hat zwei Sauen erlegt. „Das war eigentlich ganz einfach!", sagt er. „Ich stand vor einer kleinen Höhle, hab reingegrunzt, da kamen die Schweine raus und ich hab sie erlegt."
Der zweite hat zwei Bären erlegt. „So schwer war meine Jagd auch nicht. Ich stand vor einer Höhle, hab reingebrummt, da hat's rausgebrummt, schon erschienen die Bären, und ich hab sie erlegt."
Auf den dritten Jäger warten sie eine Stunde, zwei Stunden, drei Stunden. Nach vier Stunden kommt er schließlich blutüberströmt angehumpelt. „Was ist denn mit dir passiert?", fragen die beiden Wartenden.
„Ha, ich stand vor einem riesigen Loch, hab reingepfiffen, da hat's rausgepfiffen und schwupp, war der Eilzug da."

„Waidmannsheil, Herr Nachbar! Wie geht's, wie steht's?"
„Danke der Nachfrage, mir geht's hundsmiserabel, bin gestern von meiner zehn Meter hohen Kanzelleiter gefallen!"
„Um Gottes Willen, haben Sie sich verletzt?"
„Nicht direkt, ich stand gerade auf der untersten Sprosse!"

Hubertus ist zur Fasanenjagd eingeladen. Er ist noch nicht zu Schuss gekommen, da sieht er einen Gockel durchs Feld laufen, hebt seine Bockflinte...
„Halt, auf laufendes Flugwild schießt man nicht!", ruft sein Nachbar.
„Soll ich vielleicht warten, bis er stehen bleibt?"

Hubertus an der polnischen Grenze zu seinem Freund auf dem Hochsitz:
„Kennst du den Unterschied zwischen Atom- und Neutronenbombe?"
„Nee, du?"
„Klar", entgegnet der, „ich erklär's dir. Wenn die hier eine Atombombe abwerfen, dann bist du weg, ich bin weg, und der Geländewagen beim Sandweg ist auch weg, aber wenn die hier 'ne Neutronenbombe werfen, dann bist du weg und ich bin weg, aber das Auto ist noch da."
Als der Ansitz beendet ist, fragt der Freund: „Du, da muss es aber noch eine dritte Bombe geben!"
„Wie kommst du denn darauf?"
„Du bist noch da, ich bin noch da, aber der Geländewagen ist weg."

Hubertus hatte zur Treibjagd eingeladen. Um 16 Uhr konnte nur ein Kaninchen verblasen werden. Sonst war kein Wild vorgekommen. Beim Schüsseltreiben will Hubertus noch etwas retten. Er erzählt vom großen Wildschaden, den er in diesem Jahr gehabt hat.
„Dreitausend Euro habe ich schon bezahlen müssen", erklärt er den Gästen. „Was", ruft sein Freund, „das hat alles das Kaninchen aufgefressen?"

Ein Jäger schießt auf einen Hasen. Der schlägt einen Haken, und die Schrotgarbe fliegt zehn Zentimeter links am Hasen vorbei.
Der Jäger schießt noch mal.
Diesmal fliegt die Schrotgarbe zehn Zentimeter rechts am Hasen vorbei.
Fazit: Statistisch gesehen ist der Hase tot.

Er hatte sich einen Geländewagen gekauft und kurvte das erste Mal damit im Revier herum, was das Zeug hielt. Später stand im Unfallbericht: Ich schaffte den Fünfundvierzig-Grad-Hang elegant, geriet am Kamm in eine Kultur, durchfuhr sie mit Vollgas, durchbrach einen Weidezaun, fuhr die Böschung hinab, überschlug mich dreimal, schlitterte dahin und verlor die Gewalt über mein Fahrzeug.
Meinte der Vollkaskoversicherer mitleidig: „Da haben sie ja Glück gehabt, dass sich nicht noch ein Schuss gelöst hat!"

Hubertus und sein Freund stehen im Januar auf der Drückjagd nebenei-
nander. Als das Stück Rehwild zwischen ihnen durch flüchten will, schie-
ßen sie a tempo.
„Hab ich gut getroffen", meint Hubertus.
„Was – hast du überhaupt geschossen?", fragt der Freund.
Der schönste Streit beginnt, keiner will nachgeben.
Der Förster kommt hinzu, wirft einen Blick auf das Reh und fragt barsch:
„Wer hat den Bock geschossen?"
Hubertus zu seinem Freund: „Waidmannsheil, das war ein Superschuss
von dir."

Ein Jäger trifft seinen Reviernachbarn, einen Verwaltungsbeamten, an
der Grenze und kommt nicht umhin, ihn zur Treibjagd einzuladen, auch
wenn er ihn nur ungern dabei hätte. Er überlegt und überlegt, schließlich
kommt ihm der rettende Gedanke. Eine Woche vor dem Termin ver-
schickt er eine Einladung mit der Aufschrift: „Wichtige Dienstsache!"
Als der Beamte die Post öffnet, ist die Treibjagd längst vorbei.

Er war nicht der Erfolgreichste auf der Jagd. Als es mal wieder nicht so
richtig lief, meinte er nur: „Es ist mir unbegreiflich, dass es Völker gegeben hat, die sich von der Jagd ernähren konnten."

Einem verzweifelten Jäger war die Frau weggelaufen, sein Leben schien ihm nichts mehr wert zu sein und er wollte es beenden.
Als er dem Jagdfreund seinen Abschied ankündigt und ihn fragt, was wohl einfacher wäre, Strick oder Büchse, meint der trocken: „Um Himmels willen nicht die Büchse, du könntest einen anderen treffen."

Was sagte der alte Oberförster?
„Nur der hat guten Keileranlauf, der selber noch den Duft einer rauschigen Bache am Pinsel hat."

Die Jagdgesellschaft sitzt zusammen, und man übertrifft sich im Erzählen der haarsträubendsten Abenteuer.
Da wird Hubertus unterbrochen: „Das ist zu phantastisch, das musst du gelogen haben."
Darauf der Angesprochene: „So wahr ich hier sitze, ich habe es erlebt."
„Das glaube ich nicht, wollen wir wetten?", kommt die Antwort.
„Wetten nicht, aber ich kann es beschwören."

„Nun meine Herren, raten Sie mal, was ich gestern erlegt habe?"
Stimme aus dem Hintergrund: „Die Hälfte!"

11. Jagd im Ausland –
Auch in der Ferne lacht's sich gut

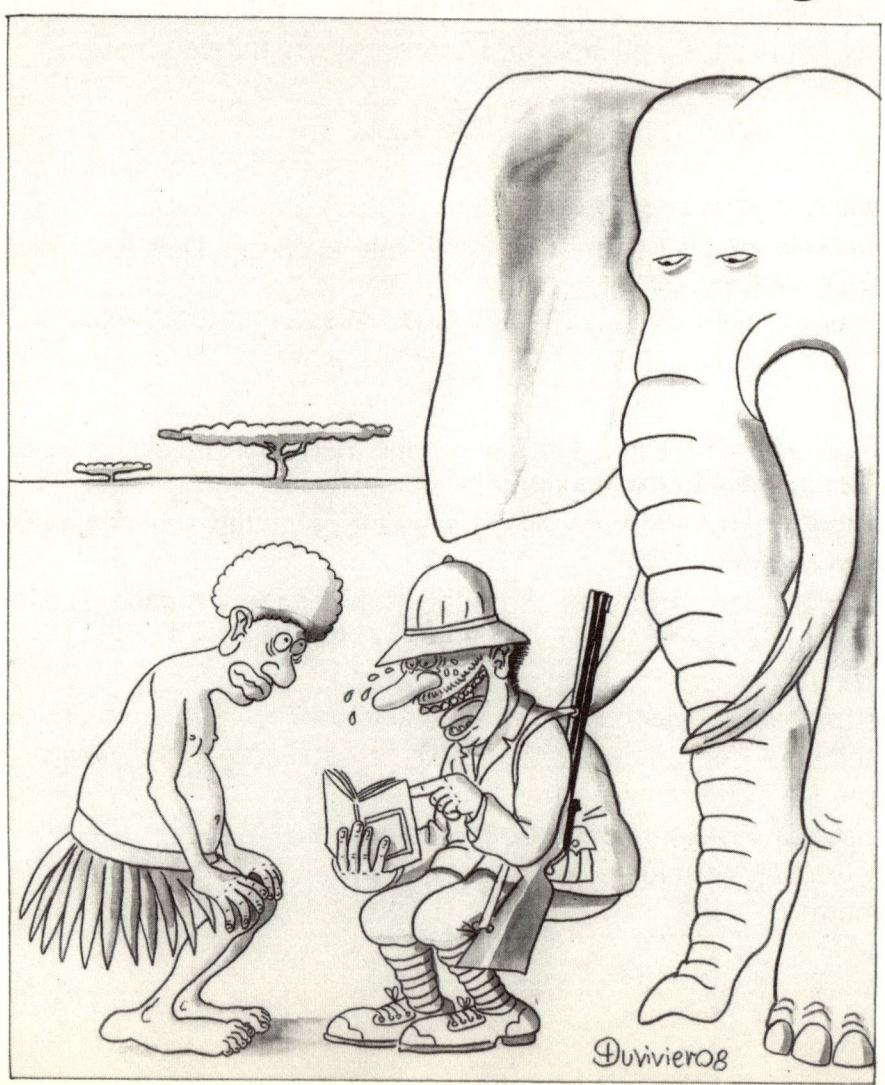

Nachsuche auf einen angeschossenen Büffel.

„Was passiert eigentlich, wenn mein neues Gewehr versagt oder ich Ladehemmung habe?", fragt der ängstliche Jagdgast.

„Keine Ahnung, auf alle Fälle haben Sie nach dem Kauf ein Jahr Garantie."

„Du warst in Afrika, wie war es denn?"

„Ich habe einen Elefanten geschossen!"

„Was? Du wolltest doch auf Flugwild jagen?"

„Ja, aber auf dem Hinflug ist mir meine Brille kaputtgegangen."

Was ist ein Perpetuum mobile?

Ein Schotte, der einem deutschen Jagdgast, der ihm noch eine Patrone schuldet, hinterherrennt.

Hubertus hat eine Jagdreise nach Kanada gebucht. Im Camp angekommen empfängt ihn der Outfitter: „Wir sind knapp an Personal, ihr Bett müssen Sie sich selber machen."

„Das ist kein Problem", erwidert Hubertus.

„OK", freut sich der Kanadier, „Hammer, Nägel und Säge liegen hinter der Jagdhütte."

„Eigentlich", sagt der Schotte unschlüssig, „möchte ich nicht die Jagd-mütze kaufen, die Sie mir gezeigt haben, sondern eine ähnliche, wie ich sie aufhabe. Sie stammt auch aus Ihrem Geschäft."

„Unmöglich", sagt der Verkäufer, „meinen Laden gibt es erst seit 50 Jahren."

Treffen sich zwei Jäger, sagt der eine: „Sag mal, du bist so braun gebrannt, wo warst du denn?"

„In Afrika auf Safari!"

„Ist ja super, aber du schaust so traurig, was ist denn passiert?"

„Als ich so durch den Urwald pirschte, kam ein Gorilla und hat mich vergewaltigt."

„Mann, das ist ja grauenvoll, sei froh, dass es dir gut geht und du noch lebst."

„Was soll ich machen, er schreibt nicht und ruft auch nicht an."

Ein amerikanischer Jäger kehrt nach einem Europaurlaub nach Hause zurück und wird von seinen Kollegen gefragt, wie denn die Deutschen so seien.

Darauf er: „Die deutschen Jäger sind intelligent, ehrlich und passioniert; aber niemals treffen alle drei Eigenschaften gleichzeitig zu:

Sind sie intelligent und passioniert, dann sind sie nicht ehrlich.

Sind sie intelligent und ehrlich, dann sind sie nicht passioniert.

Sind sie ehrlich und passioniert, dann sind sie nicht intelligent."

„Beruf?", fragt der Sachbearbeiter im Arbeitsamt.
„Großwildjäger", antwortet der Stellungslose.
„Wo?"
„Paderborn!"
„Da gibt es doch kein Großwild!"
„Deswegen bin ich ja hier."

Unterhalten sich zwei Jäger!
Sagt der eine: „Ich war letztens in Afrika auf Jagd!"
Fragt der andere: „Und was hast du so geschossen?"
Sagt der erste: „Löwen, Elefanten und Nonos."
Fragt der andere: „Was sind denn das?"
Sagt der erste: „Na, Elefanten sind die großen grauen Tiere mit dem Rüssel. Löwen sind die hellbraunen Tiere mit der Mähne und den scharfen Zähnen und dann sind da solche aus dem Busch gesprungen und haben gerufen: No, No, No, No!"

Hubertus kommt von einer Safari zurück und erzählt den Jagdfreunden: „Da kommt ein kapitaler Löwe aus dem hohen Gras, eräugt mich und nimmt sofort an. Ich renne so schnell ich kann, der Löwe folgt mir, kommt immer näher, ich kann nicht mehr und ergebe mich schließlich in mein Schicksal, da rutscht der Löwe aus und bricht sich das Genick."
Einer der Freunde bewundernd: „Toll, ich an deiner Stelle hätte mir wahrscheinlich in die Hosen gemacht."
Darauf Hubertus: „Auf was, glaubst du, ist der Löwe ausgerutscht?"

Auf Safari. Stürzt der Jagdgast aus dem Fluss, in dem er gebadet hat und ruft: „Hilfe! Hilfe! Ein Krokodil hat mir ein Bein abgebissen!"
„Welches denn?", fragt der herbeieilende Jagdführer besorgt.
„Weiß ich doch nicht, die Viecher sehen ja alle gleich aus", schluchzt der Gast.

Ein Amerikaner macht eine Reise nach Schottland, um Ahnenforschung zu betreiben. Auf einem Friedhof entdeckt er einen Grabstein, auf dem steht: „Hier ruht Stanford McGregor, ein passionierter Jäger, guter Schütze und vorbildlicher Heger."
„Typisch Schotten", murmelt der Ami, „drei Mann in einem Grab."

Hubertus ist auf Jagd in Schottland. Nach der Pirsch gibt es ein großes Buffet, zu dem er in seiner Jagdkleidung erscheint. Das Essen schlägt ihm ziemlich auf den Magen. Er wendet sich an einen Ober, wo denn der gewisse Ort sei.
Dieser antwortet: „Am Ende des Ganges links befindet sich eine Tür mit der Aufschrift Ladies. Da dürfen sie nicht hinein. Rechts ist eine Tür mit der Aufschrift Gentlemen. Da dürfen sie trotzdem hinein..."

MacDonalds Landrover ist defekt. Er muss öffentliche Verkehrsmittel benutzen, um ins Revier zu fahren. Völlig außer Atem und wütend kommt er abends nach Hause. Seine Frau fragt ihn, warum er so wütend sei.
Er antwortet: „Ich habe den Bus knapp verpasst und bin den ganzen Weg hinter ihm hergelaufen."
"Freu dich doch", antwortet seine Frau, „so hast du 50 p Fahrgeld gespart!"
„Ja, schon, aber wenn ich hinter einem Taxi hergelaufen wäre, hätte ich 5 Pfund gespart!"

Zwei Jäger lassen sich von einem kanadischen Buschpiloten ins Jagdcamp fliegen. Nach der Landung sagt der Pilot: „Diesmal nur zwei Elche, sonst kriege ich die Maschine nicht hoch, und wir stürzen wieder ab wie letztes Mal. Ich hol euch in einer Woche wieder ab", und braust davon.
Als das Flugzeug nach der vereinbarten Zeit im Lager landet, haben die Jäger drei Elche erlegt. Der Pilot verzurrt die Beute ärgerlich unter den Tragflächen, versucht zu starten, stürzt aber ab, bevor er genügend Höhe gewonnen hat.
Nach einer Stunde wacht der eine Jäger aus seiner Ohnmacht auf und fragt: „Wo sind wir?"
Darauf der andere: „Einen Kilometer weiter als letztes Jahr."

Zwei Jäger pirschen durch die Savanne. Plötzlich nähert sich ihnen ein Löwe. Einer der beiden zieht schnell seine Safarischuhe aus.
Sagt der andere: „Auch ohne Schuhe bist du nicht schneller als der Löwe." Antwortet der erste: „Ist auch nicht nötig, ich muss nur schneller sein als du."

Wann sagt ein Chinese „Waidmannsheil"?
Wenn er deutsch spricht...

Hubertus kommt von der Jagd aus Schottland zurück. Beim Frühstück am nächsten Morgen fragt seine Frau: „Warum bist du so mürrisch?"
„Ich habe von der Jagd geträumt, auf Englisch – und kein Wort verstanden."

Zwei Deutsche haben sich auf der Safari in Afrika verlaufen und irren durch die Savanne.
„In welche Himmelsrichtung gehen wir?", fragt der eine.
Der andere antwortet: „Natürlich nach Süden."
„Wie kommst du denn darauf?"
„Weil mir immer wärmer wird."

Zwei Jagdfreunde treffen sich. „Ich habe gestern ein schreckliches Erlebnis gehabt!", sagt der eine. „Vor mir ein Löwe, links ein Leopard, rechts ein Krokodil."
„Und hinter dir?", will der andere wissen.
„Zum Glück der Ausgang vom Tierpark!"

Und dann war da noch der Schotte, der zwanzig Jahre lang denselben Jagdhut trug, bis er sich entschloss, einen neuen zu kaufen. Er ging in den einzigen Hutladen des Dorfes und sagte: „So, da bin ich wieder."

Jägerwitz der etwas gehobenen Kategorie:
Drei schwerhörige Grousejäger auf der Rückreise gen London im Zug:
Der erste schaut aus dem Fenster und sagt: „It must be Wembley."
Darauf der zweite: „No, it is Thursday."
Da meint der dritte: „Oh yes, I am rather thirsty."

12. Jägerprüfung – schwitzen vor dem ersten Schuss

Keiler leben in Rotten, besonders die Alten.

Schwarzwild nimmt auch gerne Mais zu sich, wenn sonst nichts im Wald ist.

Und nach dem Laufen im Kreis schlägt dann der Bock die Ricke.

Der Fuchs löst sich immer auf einem Maulwurfshügel, wenn keiner da ist, nimmt er einen Stubben an.

Die Spießente trägt einen langen weißen Spieß am Hals.

Der Bock fegt seine Stangen mit einem Busch oder Bäumchen.

Zum Kirchgang geht der Hirsch immer in den Wald.

Die Schützen brauchen keine Signalweste zu tragen, es reicht eine am Hut.

Hasenrein?
Wenn im Revier ganz wenig oder gar keine Hasen sind, wegen der vielen Füchse.

Ein Hase wiegt ca. 10 Kilo. (Anschlussfrage: Mit oder ohne Stall?)

Wildfolge – das sind Hunde, die das Wild verfolgen.

Es muss so lange angeblasen werden, bis es der Letzte gehört hat.

Laden der Büchse auf dem Hochsitz:
Erst mach ich bei ihr die Kammer auf, dann schieb ich meine Patrone rein.

Bei den Schweißhunden ist das anders, die stehen im Alter nicht im Feld, die haben Behänge.

Eine verwilderte Katze darf man nur auf 300 Meter vom letzten Haus aus schießen.

Beim Vorstehtreiben werden nur Vorstehhunde genommen.

Schlosstritt?
Man muss beim Aufbrechen auf das Schloss treten, wenn es nicht aufgeht.

Was müssen Sie zur Jagd auf Wasserwild unbedingt mitführen?
Ein Gewehr.

Die Pirsch hat den Vorteil, dass ich unterwegs immer noch das schießen kann, was ich vorher beim Ansitz hätte schießen können, wenn ich es gesehen hätte.

Nennen Sie eine besonders wasserfreudige Hunderasse.
Seehund.

Warum ist der Büchsenlauf zu entölen?
Damit das Wildbret nicht mit Öl versaut wird.

Was verstehen Sie unter Doppeln?
Wenn zwei Schützen ein Stück getroffen haben.

Wann beginnt die Versorgung des erlegten Wildes?
Wenn ich es gefunden habe.

Wie bewahren Sie Munition und Waffen sicher zu Hause auf?
- Schön kühl.
- Nur in einem unbewohnten Raum, besser Haus wegen der Explosions-
gefahr.
- Verschlossen und zerlegt an vielen Orten in der Wohnung versteckt.

Wie heißt das Geschlechtsteil des Keilers?
Keilriemen.

Sie beschießen am Waldrand eine Sau, sie zeichnet und flüchtet über die Grenze, dort bleibt sie verendet liegen. Was tun Sie?
Liegt Schnee?

Wie unterscheidet man Knopfbock und Schmalreh?
„Äh, äh"
„Kleiner Tipp, Ihre Mutter hat es bei der Hausarbeit um!"
„Ach so, das Gesäuge!"

Was bedeutet FFH, wofür steht die Abkürzung?
(Fauna, Flora und Habitat. EU Richtlinie für Naturschutzgebiete)
- Forst, Fischerei und Hundewesen
- Frei für Handel (Wildbret)
- FFH ist ein beliebtes Kürzel in Kontaktanzeigen und steht für: Für Ferkeleien zu haben!

Beschreiben Sie die Zeichnung von Frischlingen.
- Gestreift.
- Wie gestreift?
- In Fahrtrichtung.

Was müssen Sie beim Aufstellen beköderter Fallen beachten?
- Da ich aus persönlichen Gründen die Fangjagd ablehne, kann ich mich dazu nicht äußern!
- Der Köder darf sich nicht befreien können.
- Das Tier, was gefangen ist, darf den Köder nicht fressen.

Was ist ein Beschusszeichen?
Wie sich das Tier nach dem Beschuss verhält.

Wie weit fliegen Schrote?
Schrotstärke x 100, also 2,5 mm = 25 Meter.

Nennen Sie vier Aufgaben, die ein brauchbarer Jagdhund vor dem Schuss erfüllen muss?
Er muss Spuren lesen können.

Nennen Sie das Durchschnittsgewicht von Fuchs, Hase und Kaninchen.
„Fuchs 70 bis 80 Kilo, Hase 40 und Kaninchen 15 bis 20 Kilo. Ich kann mich aber auch geirrt haben, jedenfalls ist der Fuchs kaum größer als Hase oder Kaninchen."

Was verstehen Sie unter Blattzeit?
Der Schuss auf das Blatt, der Blattschuss.

Wie unterscheide ich den jungen vom alten Bock?
Der junge Bock hat einen vertrauten Blick, der alte einen siechenden Gang und das Gehörn geht auseinander.

Frage während der Jägerprüfung: „Sagen Sie mir etwas über die Sinne des Marderhundes."
Antwort des Jagdscheinaspiranten: „Schlecht hören kann er gut, aber gut sehen kann er schlecht."

13. Dies und das und sonst noch was

Der Hahn kommt in den Gänsestall: „Mädels, ich habe eine gute und eine schlechte Nachricht für euch, zuerst die gute – die Jäger haben den letzten Fuchs hier im Revier erlegt."
Aufgeregtes, freudiges Geschnatter!
„Und die schlechte?"
„Sie wollen es mit einem Gänsefestessen feiern!"

Es geht wieder auf Weihnachten zu. Die Mitarbeiter einer Hilfsorganisation versuchen, den alten Revierjäger davon zu überzeugen, dass es eine gute Idee wäre, einem kleinen Negerkind ein Weihnachtsfest in Frieden und Geborgenheit zu ermöglichen. Nachdem sie geraume Zeit mit dem älteren Ehepaar verbrachten und kein positives Ergebnis erzielten, werden die Werber allmählich ungeduldig und fragen: „Wie wäre es denn nun zu Weihnachten mit einem kleinen Negerkind?"
Darauf der alte Herr: „Tja, warum nicht? Wir hatten bis jetzt immer nur Wild!"

Kommt ein Hase in die Wirtschaft und bestellt: „Ein JÄGERSCHNITZEL, bitte!"

Warum gibt es kaum Witze über ehrliche Jäger?
Ehrliche Jäger sind ein Witz...

Was ist der Unterschied zwischen einem waidgerechten Jäger und dem Yeti?
Es gibt Leute, die behaupten, sie hätten schon einmal einen Yeti gesehen.

Treibjagd in Fahrendorf. Als ein Trauerzug vorbeikommt, nimmt ein Jäger seinen Hut ab und verharrt einige Sekunden regungslos.
„Das war aber eine nette Geste von Ihnen", meint der andere.
„Wieso Geste? In einigen Tagen wären wir schließlich 25 Jahre verheiratet gewesen!"

Ein Hausierer kommt zur Jagdhütte. „Brauchen Sie Hosenträger?"
„Nein, danke, ich trage meine Hosen selber."

Zwei Ostfriesen auf der Entenjagd.
Wind kommt auf, wird zum Sturm und steigert sich schließlich zum Orkan. Wild schwankt das Boot hin und her, rauf und runter.
„Hoffentlich geht der Kahn nicht unter."
„Das kann dir doch egal sein, ist doch nicht deiner!"

Das Glück war nie auf der Seite von Hubertus. Nach dem Frühstück in der Jagdhütte ist er voller Optimismus. „Ab heute wird es anders", verkündet er stolz. „Das Glück ist jetzt auf meiner Seite."
„Wieso das denn?"
„Mir ist das Butterbrot schon hundertmal auf den Boden gefallen, immer auf die geschmierte Seite. Heute war es aber anders", erklärt er stolz.
Nach kurzem Überlegen meint sein Jagdfreund: „Du begreifst es nie! Das war doch kein Glück. Du Dummkopf hast das Brot nur auf der falschen Seite beschmiert."

Der Jagdpächter besucht den Jagdvorstand auf seinem Hof. Im Schweinestall bewundert er den Zuchteber und die gewaltige Ferkelschar. „Donnerwetter", sagt der Jäger, „und alles von einem Eber."
„Ja", sagt der Bauer, „dabei war er zuerst gar nicht so gut, aber der Tierarzt hat ihm ein Medikament, so ein Pulver verordnet."
„Interessant", meint der Jäger, „wie heißt denn das Zeug?"
„Weiß ich auch nicht", erwidert der Bauer, „aber es schmeckt nach Pfefferminz."

Zwei Jäger finden im Spätsommer, als sie einen See nach Enten durchkämmen, einen Körper regungslos im Wasser und bergen ihn.
Der eine beginnt sofort mit der Mund-zu-Mund-Beatmung.
Nach zehn Minuten sagt der andere: „Ich glaube, das bringt nichts mehr. Der hat ja noch Schlittschuhe an."

Hubertus hat einen Überläufer erlegt, abgeschwartet, zerwirkt und einzelne Teile warten darauf, von Käufern aus der Nachbarschaft abgeholt zu werden. Frau Meier hatte sich eine Keule reservieren lassen.

„Oh, hier sind aber viele Fliegen", beschwert sie sich, als sie das Stück abholt.

„Fliegen sind schlaue Tierchen", gibt Hubertus zurück, „die wissen genau, wo es das beste Wildbret im Dorf gibt."

Der Jagdherr zum Jungjäger: „Als ich so jung wie Sie war, habe ich nie gelogen."

Der Jungjäger: „Wann haben Sie denn damit angefangen?"

„Himmel, wie seht ihr denn nach drei Wochen in der Jagdhütte aus! Wascht ihr euch denn überhaupt?"

„Nee, das ist nicht nötig. Wir erkennen uns an den Stimmen!"

Woran erkennt man den 50%igen Jäger?
Er trägt nur grüne Kleidung.
Woran den 100%igen?
Er trägt dazu auch noch grüne Unterwäsche.
Und den 200%igen?
Der hat zusätzlich eine Frau mit Hasenscharte!

Hubertus hat versehentlich eine Brieftaube geschossen. Beim Essen entpuppt sich der Braten als zäh wie Leder. Als er auf etwas Hartes beißt, hat er eine kleine Metallkapsel zwischen den Zähnen. Er öffnet sie und findet einen Zettel.
„Greifen im Morgengrauen an. Napoleon."

Letzte Worte
Eines Nimrods auf der Drückjagd:
„Ob mein Standnachbar wohl von der wunderbaren Nacht mit seiner Frau weiß?"
Eines Bärenjägers:
„Na, Kleines, wo ist denn deine Mami?"
Eines Großwildjägers:
„Hier war doch eben noch ein Löwe!"
Eines Hundehalters:
„Nein, der ist ganz zahm."
Eines Löwenjägers:
„Scheiße, Munition alle!"

„Stimmt es, dass Sie seit zwanzig Jahren nur von Wild leben?"
„Ja, und das nicht schlecht."
„Das klingt phantastisch!"
„Ja, ich bin Wildhändler."

Im Waffenladen.
„Was kostet die Doppelflinte?"
„Zweitausend Euro."
Der Jagdaufseher nach einem tiefen Seufzer: „Und der Drilling?"
„Drei Seufzer."

„Wie geht es denn Ihrem Mann?"
„Schlecht, er ist vom Hochsitz gefallen."
„Hoch?"
„Runter!"

„Das ist ja komisch, in meinem Brötchen ist ein Schrotkorn."
„Vielleicht hat jemand seine Flinte ins Korn geworfen."

„Entschuldige bitte, Karin, wenn ich mit dir auf dem Hochsitz auf einen starken Hirsch warte, dann vergesse ich alles um mich herum."
„Ich heiße ERIKA!"

Es gibt Jäger, die halten das, was sie 30 Jahre lang falsch gemacht haben, für Erfahrung.

„Ich möchte ein Paar lange Unterhosen", bittet der Jagdaufseher die Verkäuferin.
„Lange?"
„Ich will sie kaufen, nicht leihen."

Der alte Förster hat im Preisausschreiben eine Karte für den „Freischütz" gewonnen.
An der Kasse im Theater bietet ihm der Kassierer ein kleines Heft an: „Textbuch gefällig?"
„Nein danke, ich singe nicht mit."

Frau Förster bei der Eheberatung.
„Mein Mann ist hinter jedem Rock her, wie kann ich es ihm abgewöhnen?"
„Schicken Sie ihn mal für ein paar Wochen zur Jagd nach Schottland."

„Ist es in deiner Jagdhütte nicht verdammt einsam?"
„Überhaupt nicht, was glaubst du, wie viele Leute hier jeden Tag reinschauen, die wissen wollen, ob es uns nicht zu einsam ist."

„Es ist nicht zu fassen, da jagen Sie mit 70 durch den Ort", schimpft der Polizist mit der Förstersfrau, als er ihren Wagen gestoppt hat.
„Lieber Herr Kommissar", flötet sie, das ist nur mein blöder Jagdhut, der mich so alt macht."

Ein Jäger will ein Haus kaufen. Der Verkäufer: „Ich muss Sie auf einige Nachteile aufmerksam machen."
„Na, dann legen Sie mal los."
„Also im Norden befindet sich eine Mülldeponie, im Süden eine Fischfabrik und im Osten eine Kläranlage!"
Der Interessent entsetzt: „Hat dieses Haus denn auch irgendwelche Vorteile?"
„Auf jeden Fall, Sie wissen immer aus welcher Richtung der Wind kommt."

Jahreshauptversammlung des Verbandes der Jagdwaffenhersteller. Am nächsten Tag ist für die leitenden Angestellten eine Drückjagd geplant.
Einer der Männer trägt stolz seine Sauer & Sohn Doppelbüchse, der andere seinen Mannlicher Repetierer, der dritte einen kostbaren Krieghoff Drilling.
Da kommt der Chef von Blaser mit einem Luftgewehr.
„Warum denn das?", fragen ihn die anderen.
„Wenn ihr keine vernünftigen Gewehre führt, will ich nicht aus der Rolle fallen."

Am nächsten Morgen nach dem Schüsseltreiben im Hotel.
„Vor meiner Tür standen heute Morgen ein grüner und ein schwarzer Gummistiefel", beschwert sich der Gast.
„Merkwürdig", schüttelt der Wirt den Kopf, „Sie sind schon der zweite, der sich darüber beschwert."

Hubertus hatte sich für verschiedene Revierarbeiten eine Kettensäge gekauft.
Wütend kommt er am nächsten Tag in den Laden und beschwert sich:
„Das Ding taugt überhaupt nichts, nicht einmal drei Bäume habe ich damit geschafft!"
„Das verstehe ich nicht." Kopfschüttelnd nimmt der Verkäufer die Säge zur Hand und wirft den Motor an.
„Nanu", fragt Hubertus erstaunt, „was ist denn das für ein Geräusch?"

Der Dorfpolizist sieht sich nachdenklich die Bereifung des Geländewagens eines Jagdfreundes an.
„Weißt du, Hubert, du hast aber wirklich kein schönes Profil mehr."
„Na ja, du bist ja auch nicht unbedingt eine Schönheit."

Essen Sie gerne Wild?
„Nein, ich esse lieber ruhig und besonnen."

„Weshalb sind Sie denn hier?", wird der Gefängnisinsasse gefragt.
„Wegen eines missglückten Selbstmordversuches."
„Aber das ist doch nicht strafbar."
„Anscheinend doch", knurrt der Gefangene, „ich wollte mich im Wald erschießen, habe danebengeschossen und einen Rehbock getroffen."

Jagdscheinkontrolle vor der Treibjagd durch den Jagdaufseher.
„Ihr Jagdschein sieht aber ziemlich abgegriffen und dreckig aus."
„Entschuldigung, aber ich habe ihn bisher nur an Jagdaufseher ausgehändigt."

Zwei Jäger unterhalten sich über die besonderen Eigenschaften eines weiteren Jagdfreundes.
Sagt der eine: „Das ist ihm angewölft."
„Ich glaube eher, es ist ihm angefrischt", darauf der andere.

Der Förster pirscht durch den Wald und überrascht einen Mann beim Holz klauen.
„Was machen Sie da?", fragt er drohend.
„Ich sammele Kaninchenfutter", kommt die spontane Antwort.
Der Förster verdutzt: „Das fressen doch die Kaninchen gar nicht."
Darauf der Dieb: „Meinen Sie? Dann verbrenne ich es halt."

Frage bei der Führerscheinprüfung: „Ungeregelte Kreuzung – Wer fährt zuerst?"
1. Christkind
2. Osterhase
3. neidischer Jäger
4. ehrlicher Jäger
Antwort: Der neidische Jäger.
Begründung: „Christkind gibt's nicht, Osterhasen gibt's nicht..."

Frage an Radio Eriwan:
„Was ist ein Chaos?"
Kurzes Schweigen, dann die Antwort:
„Fragen über Jagd und Jäger werden nicht beantwortet!"

Beim Jagdgericht wird die Diskussion ernster. Der Jagdherr blickt schon recht finster: „Ich habe heute Morgen eindeutig angesagt, dass rückwärts laufende Hasen nicht erlegt werden dürfen und wenn einer es nicht lassen kann, er 20 € in die Treiberkasse legen muss."
„Hätte ich auch sofort gemacht", antwortet der Delinquent, „aber rückwärts lief er nun wirklich nicht und dass Hasen, die durch die Treiberkette nach hinten weggehen, nicht beschossen werden dürfen, davon wurde kein Wort erwähnt."

Ein Angler zum anderen: „Jetzt weiß ich, warum die Fische nicht beißen."
„Und warum nicht?"
„Die Würmer schmecken grässlich."

Hase, Fuchs und Bär müssen zum „Bund", wollen aber nicht. Am Tag der Musterung sucht man einen Ausweg.
Sagt der Hase: „Ein Fuchs ohne buschigen Schwanz ist kein ganzer Fuchs." Gesagt, getan, dem Fuchs wird die Lunte gekürzt. Nach einer halben Stunde kommt er von der Musterung zurück und strahlt über das ganze Gesicht: „Ausgemustert."
„Dann ist ein Hase ohne Löffel kein ganzer Hase." Und der Hase lässt sich die Löffel stutzen. Wieder eine halbe Stunde später kommt er freudestrahlend zurück: „Ausgemustert."
Beim Bären kommt man ins Grübeln. „Schwierig, schwierig. Da fällt mir nur eins ein: Ein ganzer Bär braucht vernünftige Zähne." Der Fuchs holt aus und schlägt dem Petz mehrere Zähne aus.
Der Bär wird aufgerufen und kommt eine halbe Stunde später völlig betrübt zurück: „Ausgemustert."
„Und warum freust du dich nicht?"
„Zu groß und zu schwer."

Ein deutscher und ein holländischer Jäger liegen an der Grenze im Feld. Da kommt ein Fasan angestrichen. Zwei Schüsse fallen, und der Gockel landet verendet genau auf der Grenze. Beide Jäger machen ihr Recht auf den Vogel geltend, können sich aber nicht einigen.

Da hat der Deutsche eine Idee: „Wir treten uns so lange gegenseitig ins Kurzwildbret, bis einer nicht mehr kann! Ich fange an."

Der Holländer ist einverstanden. Der Deutsche nimmt zehn Schritte Anlauf und tritt mit aller Kraft zu.

Der Holländer krümmt sich vor Schmerzen fünf Minuten lang auf dem Boden und ringt nach Luft. Schließlich steht er auf und sagt erwartungsvoll: „Jetzt bin ich dran."

„Ach", meint der Deutsche, „ich hab keine Lust mehr auf den Vogel."

Beruhigungspille zum Abschluss:
Das Beste an diesem Buch ist, dass es keinen Nachdruck geben wird.

Zu guter Letzt:
Wie viele Jägerwitze gibt es eigentlich?
Gar keine, sie entsprechen alle der Wahrheit.

Gert G. von Harling

Einfach zum Schießen

Hardcover, 64 Seiten
zahlreiche Illustrationen
Format 16 x 18 cm

ISBN 978-3-7888-1127-3

Was haben Jäger und Witze gemeinsam? Nun - sie müssen treffen. Fast ist man geneigt zu sagen, dass dieses Treffen von Witzen noch mehr als von Jägern gefordert ist. Warum? Der Jäger kann häufig nachschießen. Beim Witz ist das anders: Ist die Pointe vermasselt, ist es der ganze Witz. In diesem Bändchen hat Gert G. von Harling ein Bündel von „Grünen Witzen" gesammelt, die sich nach der Jagd in froher Runde erzählen lassen, Jägerwitze, bei denen es garantiert keinen „Rohrkrepierer" gibt. Und wonach der Jäger bei jeder Jagd vergebens strebt: jeder Schuss ein Treffer - bei diesen Witzen gelingt´s. Viele der lustigen Episoden hat von Harling selbst erlebt, andere sind ihm von Jagdfreunden zugetragen worden. Eines haben alle gemein: Sie sind so echt und erfrischend wie eine Jagd selbst nur sein kann, weil der Witz zum Jäger gehört wie Pulver und Blei.

Verlag J. Neumann-Neudamm AG
Schwalbenweg 1 – 34212 Melsungen Tel. 05661.9262-26 Fax 05661.9262-19
info@neumann-neudamm.de www.neumann-neudamm.de